全国老年大学统编教材

闫琪　人邮体育　编著

老 年 人
身体功能强化锻炼
教 程

人民邮电出版社
北 京

图书在版编目（CIP）数据

老年人身体功能强化锻炼教程 / 闫琪，人邮体育编
著. -- 北京 ：人民邮电出版社，2023.10
ISBN 978-7-115-62164-1

Ⅰ. ①老… Ⅱ. ①闫… ②人… Ⅲ. ①老年人－体育
锻炼－教材 Ⅳ. ①G806

中国国家版本馆CIP数据核字(2023)第119951号

免 责 声 明

内 容 提 要

随着年龄的增长，老年人肩部、腰部和膝部周围各种软组织的功能会逐渐退化，容易出现肩腰膝的僵硬和疼痛问题。如何改善关节的功能，有效预防与缓解疼痛？国家体育总局体育科学研究所闫琪博士在本书中进行了详细阐释。

首先，本书详细介绍了"功能锻炼"的概念，带领读者理解人体是靠多个部位协调配合来维持整体功能活动的，并从运动科学的角度论证了身体功能强化 6 步法的科学性，强调了功能锻炼对于老年人的重要意义，以及老年人在开始功能锻炼前及过程中应注意的事项。其次，本书通过图解的形式简明地介绍了肩关节、腰部和膝关节的结构，提供了相应部位的功能筛查方法，帮助读者明确自己身体的薄弱环节，并为筛查结果不合格的读者提供了有针对性的改善练习，帮助读者使自己的肩关节或腰部、膝关节的功能恢复到比较正常的状态。

此外，本书还提供了适合老年人的从基础到进阶的预防与缓解肩腰膝疼痛的锻炼方案。最后一部分详细讲解了本书所涉及的身体功能锻炼方法。

◆ 编　著　闫　琪　人邮体育
　　责任编辑　裴　倩
　　责任印制　彭志环
◆ 人民邮电出版社出版发行　　北京市丰台区成寿寺路 11 号
　　邮编　100164　电子邮件　315@ptpress.com.cn
　　网址　https://www.ptpress.com.cn
　　北京捷迅佳彩印刷有限公司印刷
◆ 开本：787×1092　1/16
　　印张：12.25　　　　　　　　　　　2023 年 10 月第 1 版
　　字数：176 千字　　　　　　　　　2023 年 10 月北京第 1 次印刷

定价：58.00 元

读者服务热线：(010)81055296　印装质量热线：(010)81055316
反盗版热线：(010)81055315
广告经营许可证：京东市监广登字 20170147 号

全国老年大学统编教材
编委会

老年人体育活动指导系列图书
编委会

总序

　　由中国老年大学协会组织编写的全国老年大学通识课程教材即将面世，这是我国老年教育和老年大学发展史上一件具有开创性意义的举措。

　　我们国家的老年教育，在党和政府的高度重视以及社会各界的广泛参与下，适应了老龄社会发展和老年群体需求，一直保持着健康快速的发展态势，并逐步取得了令世人瞩目的巨大成就。党的十八大以来，习近平总书记多次发表重要讲话，指出人口老龄化事关国家发展全局和亿万百姓福祉。强调要坚持党委领导、政府主导、社会参与、全民行动相结合，推动老龄事业全面可持续发展。党中央、国务院陆续公布实施的《老年教育发展规划2016—2020年)》《老龄事业"十三五"规划》《加快推进教育现代化实施方案（2018—2022年）》等重要文件，对做好老龄工作、发展老龄事业做出了新的重大部署，对老年教育发展制定了明确的规划，有力地推动了我国应对人口老龄化的全面工作。目前我国老年教育的发展和老年大学的工作，已经呈现出党政主导、社会参与、多方支持的大好局面。

　　中国老年大学协会作为国家民政部所属的社会组织，自1988年12月成立以来，认真贯彻落实党和政府关于老年教育的方针政策，充分发挥桥梁纽带和凝聚作用，广泛联系各地老年大学、老年学校，大力宣传"增长知识、丰富生活、陶冶情操、促进健康、服务社会"的老年大学办学宗旨，促进各地老年大学、老年学校在办学原则、培养目标、专业设置、课程安排、学校管理等一系列重大办学方向问题上统一思想，形成共识，对我国老年教育事业的巩固与提升，发挥了导向性的作用。特别是积极贯彻党的十八大、十九大精神，落实新时代老年教育规划目标任务，组织老年大学认真学习习近平新时代中国特色社会主义思想，探讨老年教育发展的新机制和新路径，开创老年教育发展的新格局，推动老年大学工作迈上了一个新台阶。协会自身发展也进入了一个新阶段。

建立并逐步完善科学、适用、可行的老年大学特色课程体系，设计、构建与社会发展大环境相匹配的具有老年大学特色的通识教材，是中国老年大学协会一直坚持的目标，也是众多老年大学、老年学校一致的企盼。首批五本通识教材——《树立和培育积极老龄观》《新时代老年大学校长读本》《老龄金融》《老年健康教育与管理》《老年人权益保障法律实务》——从选题立意到内容编排，都体现出创新意识和独特见解，令人耳目一新，为之一振。希望老年同志们从中汲取营养，幸福地度过晚年；希望中国老年大学协会再接再厉，为老年人做出应有的贡献！

顾秀莲

2020年8月

序

近年来，随着老年人口数量的不断增大，我国陆续发布了《"健康中国2030"规划纲要》《关于促进养老托育服务健康发展的意见》《全民健身计划（2021-2025年）》《"十四五"国家老龄事业发展和养老服务体系规划》《"十四五"健康老龄化规划》等政策文件，以引导和促进实现积极老龄观和健康老龄化。这些政策文件中指出了可通过指导老年人科学开展各类体育健身项目，将运动干预纳入老年人慢性病防控与康复方案，提供文化体育活动场所，组织开展文化体育活动等措施支持老年人参与体育健身，丰富老年人的精神文化生活，全面提升老年人的身心健康水平与生活品质。

与此同时，作为我国老年人教育事业的重要组成部分，老年体育教育承担着满足老年人的体育学习需求，丰富老年教育的内容和形式，以及不断探索老年教育模式的责任，可长远服务于积极应对人口老龄化、实现教育现代化和建设学习型社会。

在上述背景下，人民邮电出版社有限公司作为建社70周年的综合性出版大社，同时作为全国优秀出版社、全国文明单位，围绕"立足信息产业，面向现代社会，传播科学知识，服务科教兴国，为走中国特色新型工业化道路服务"的出版宗旨，基于在信息技术、摄影、艺术、运动与休闲等领域的领先出版资源、经验与地位，策划出版了"老年人体育活动指导系列图书"（以下简称本系列图书）。本系列图书是以指导老年人安全、有效地开展不同形式体育活动为目标的老年体育教育用书，并且由不同体育领域的资深专家、学者和教育工作者担任作者和编委会成员，确保了内容的专业性与科学性。与此同时，本系列图书内容覆盖广泛，其中包括群众基础广泛、适合个人习练或进行团体表演的传统武术与健身气功领域，具有悠久传承历史、能够极大丰富老年生活的棋牌益智领域，包含门球、乒乓球等项目在内的运动专项领域，旨在针对性改善慢性疼痛、慢病预防与控制、意外跌倒等老年人突出健康问题的运动功能改善训练领域，以及涵盖运动安全、运动营养等方面的运动健康科普领域。

本系列图书在内容设置和呈现形式上充分考虑了老年人的阅读和学习习惯，一方面严格按照循序渐进的原则进行内容讲解，另一方面通过大图大字的方式分步展示技术动作，同时附赠了扫码即可免费观看的在线演示视频，以帮助老年人降低学习难度、提高训练效果，以及为相关课程的开展提供更丰富的教学素材。此外，为了更好地适应和满足老年人日益丰富的文化需求，本系列图书将不断进行内容和形式上的扩充、调整和修订，并努力为广大老年读者提供更丰富、更多元的学习资源和服务。

最后，希望本系列图书能够为促进老年体育教育发展及健康老龄化进程贡献微薄之力。

在线视频访问说明

本书提供了部分动作的在线视频，您可以通过微信"扫一扫"，扫描下方二维码进行观看。

步骤1

点击微信聊天界面右上角的"+"，弹出功能菜单（图1）。

步骤2

点击弹出的功能菜单上的扫一扫，进入该功能界面，扫描上方的二维码，扫描后可直接观看视频（图2）。

图1

图2

目录

第1章

认识功能锻炼

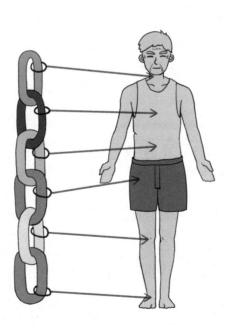

1.1 什么是功能锻炼

　　盖房子要打好地基，想拥有好的身体也一样，需要从最基础的锻炼开始。这个最基础的锻炼，就是功能锻炼。只有功能锻炼做好了，才能进一步提升你的体能。功能锻炼可以预防运动损伤，缓解慢性疼痛和提高功能动作质量，这都是进行体力劳动和体育运动的基础。

　　功能锻炼具体包括呼吸练习、关节的灵活性与稳定性练习、基本的动作模式和身体姿态练习等。

呼吸

　　呼吸对我们来说是再熟悉不过的事情，但这并不代表你的呼吸模式是正确的。错误的呼吸模式会给人体带来不良的影响，比如会影响身体姿势、让一些关节缺乏灵活性和稳定性，最终影响人体的运动表现。

关节的灵活性与稳定性

　　关节的灵活性与稳定性对我们的身体活动来说太重要了！比如打篮球，如果你的肩关节不够灵活，投篮动作对你来说很不容易；同样，如果膝关节不够稳定，膝部很容易受伤。因此关节的稳定性和灵活性练习，也是功能锻炼的重要内容。

身体姿态

　　站姿、坐姿、躺姿等，都要考虑到科学的受力。我们身体的很多疼痛，和不良的身体姿态分不开。比如坐下时爱跷二郎腿，时间久了，容易压迫腰椎，腰疼就会找上门来。

　　只有身体功能提升了，我们才能在此基础上进行体能锻炼，实现从功能锻炼到体能锻炼的转变，让力量更大，速度更快，耐力更好，平衡能力、柔韧性也得到提升。但在此之前，要先打好基础，做好功能锻炼，逐渐过渡到体能锻炼。

动作模式

　　动作模式就是生活中你的身体所做出的最基本的功能性动作，比如走、跑、跳、踢、推拉、旋转和蹲起等。这些动作看似简单寻常，但很多人的动作模式并不正确。不正确的动作模式，会"带累"你的骨骼和肌肉，让它们承受更多的力，从而带来损伤。比如最简单的走路姿势中，内八字或外八字，都会让膝关节受力不均匀，带来膝关节的疼痛，影响生活和运动。

1.2 肩疼、腰疼、膝盖疼，仅仅是肩、腰、膝的问题吗

　　你遇到过这样的问题吗？肩部酸痛，找按摩师做做按摩，马上就觉得舒服了，可是没过几天，酸痛感又一次来袭，再去找按摩师，循环往复；做了手法治疗后有了明显缓解，可是好景不长，肩部又开始隐隐作痛，去医院检查结果显示一切正常。

　　身体一有疼痛或不适，我们总会把问题聚焦到患部，但如果仅仅对患部进行处理，症状只能得到短暂的缓解，没办法真正好转。这是因为，人体是靠多个部位的协调配合来维持整体的功能活动的。感到疼痛或不适的部位不一定是引起问题的原因部位，而只是显示结果的部位，是大脑发出的让我们警惕的信号，而根本原因可能藏在身体的其他部位。

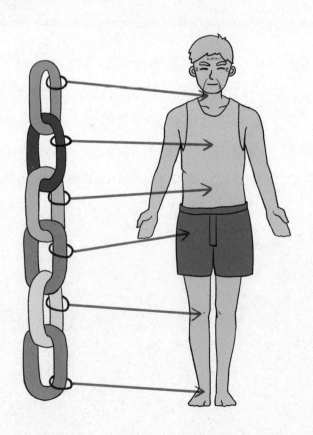

人体的每一个关节都同时具备两个方面的特性：灵活性和稳定性。灵活性使关节可以在一定范围内自由移动，而稳定性使关节能够抵抗移动，让关节保持在一个相对固定的位置上。在人体的整体运动中，踝关节、髋关节、腕关节、胸椎和肩关节需要具备较强的灵活性，而膝关节、腰椎、肘关节、肩胛胸壁关节和颈椎则需要具备较强的稳定性。如果这些关节各司其职、相互配合，我们就能轻松地完成日常生活中的各种活动，例如上楼梯、拎重物。但如果本应该承担灵活任务的关节功能退化，则相邻关节的稳定性就会受影响，该关节因此承担了本不应由它承担的力，长此以往，发生疼痛就是必然。

因此，肩疼、腰疼、膝盖疼，未必只是肩、腰、膝的问题。我们不能"头疼医头，脚疼医脚"，只有找到问题的根本原因并对症下药，才能真正消除疼痛。

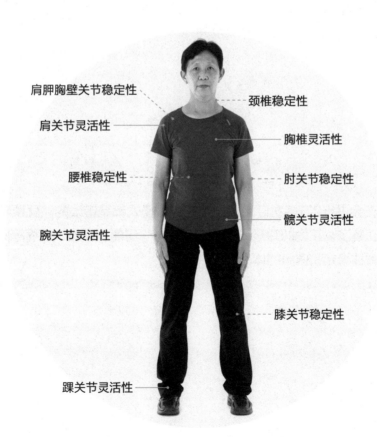

肩胛胸壁关节稳定性　　　　　颈椎稳定性

肩关节灵活性　　　　　　　　胸椎灵活性

腰椎稳定性　　　　　　　　　肘关节稳定性

　　　　　　　　　　　　　　髋关节灵活性

腕关节灵活性

　　　　　　　　　　　　　　膝关节稳定性

踝关节灵活性

1.3 从功能到体能——闫琪博士的身体功能强化6步法

前面说到，人体是靠多个部位的协调配合来维持整体的功能活动的，哪里痛不一定就是那个部位出了问题。那么如果想要强化人体功能，预防并缓解该部位的疼痛，具体应该怎么做呢？

身体功能强化6步法，是闫琪博士针对身体功能常出现的各种问题，经过多年摸索与研究并通过充分实践验证后推出的锻炼方法，该方法建立在人体功能解剖和生物力学的基础之上。按照6步法一步一步地进行锻炼，慢慢地你就能明显感受到身体功能的改善。

这6步法分别阐述如下。

步骤1

﹥改善呼吸模式﹤

正常人每天会进行2万多次呼吸。如果连呼吸模式都是错误的，就谈不上其他动作模式的正确了。正确的呼吸模式不仅可以减少肩痛、腰痛、头痛等问题，还有助于维持脊柱稳定和健康的体态。

⚡ 软组织松解 ⚡

针对身体的软组织，用按摩、滚压、拉伸等方法，消除软组织的僵硬状态，使它们恢复弹性、延展性，并回到平衡的状态。

包括筋膜、肌肉、韧带在内的软组织的失衡，是造成膝关节"代人受累"的根源之一。因此对膝关节功能进行改善的第二步，就是要对这些软组织进行松解，使其重新回到平衡状态。

⚡ 灵活性锻炼 ⚡

主要针对关节进行灵活性锻炼，包括静态拉伸和动态拉伸，恢复膝关节、髋关节和踝关节等的灵活性。其目的是提升软组织的延展性，提升关节的活动度，最终改善关节的功能。

⚡ 稳定性锻炼 ⚡

包括下肢稳定性锻炼和核心稳定性锻炼，能够构建关节的稳定性，改善肌肉的控制能力，为人体运动功能的提升打好基础。

构建身体稳定性，除了进行下肢稳定性锻炼外，也离不开针对身体核心（主要包含腰腹部位、下背部、臀部）的稳定性锻炼。核心稳定性可以说是全身稳定性的基石。

步骤5

动作模式锻炼

建立正确的动作模式意味着要在正确的姿势下养成正确的发力习惯。错误的动作模式会导致部分肌肉过分紧张或松弛，产生不平衡现象，使关节受损。

正确的动作模式应该符合人体生物力学。肌肉、关节处于合理的位置，让力的产生和传递更高效。

步骤6

功能力量锻炼

在正确的动作模式之下，逐步增加负重，就能加强人体力量，提升关节的功能和健康水平，使其变得更结实、更稳固。

建立了正确的动作模式后，就可以进入功能力量锻炼了。无论是利用弹力带增加阻力，还是使用家庭小物品增加负重，都是锻炼力量的好方法。

下图完整展现了身体功能强化的6个步骤。

⑥ 功能力量锻炼

增强关节功能，使关节更结实有力。

⑤ 动作模式锻炼

建立正确的人体动作模式。

④ 稳定性锻炼

构建、提升稳定性和核心稳定性。

③ 灵活性锻炼

提升关节的活动度，改善关节灵活性。

② 软组织松解

放松关节周围软组织，使其恢复弹性、韧性，回到平衡状态。

① 改善呼吸模式

纠正最基础的动作模式，有效减少疼痛问题。

身体的疼痛，必然伴有关节功能的降低。如果想要恢复并提升身体的运动水平，必须先从关节的功能改善开始，然后逐渐进阶至体能锻炼。

运动要循序渐进

以膝内扣造成的膝盖疼痛为例，我们来阐述一下为什么运动要从功能改善开始，然后循序渐进，最终进阶到体能锻炼。

这一过程遵循以下几个发展阶段：功能障碍状态→功能改善锻炼与规范的日常体力活动（两者可同时开展）→简单体育活动→进阶体育活动。

功能障碍状态

老张喜欢打羽毛球，可最近发现自己膝盖外侧疼痛，已经不能再尽情打羽毛球了。咨询医生后，发现疼痛的原因是自己双膝内扣。膝盖两侧压力大，摩擦大，久而久之，半月板磨损严重，产生疼痛，影响了老张的运动和生活。我们将这一阶段称为"功能障碍状态"。

在获知自己膝盖疼痛的原因后，老张听从了医生的建议并开始积极进行治疗恢复。这一阶段要进行"功能改善锻炼"，但同时也要对生活中的行为习惯进行纠正，即进行"规范的日常体力活动"。

功能改善锻炼

膝内扣的后果是打乱了腿部肌肉的平衡，让一部分肌肉过于紧绷，而另一部分肌肉相对薄弱。因此在进行功能改善锻炼时，要对紧张的肌肉进行放松，同时加强薄弱肌肉的练习。

规范的日常体力活动

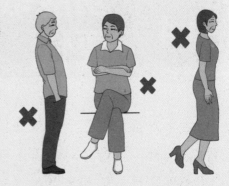

　　除了进行功能改善锻炼外，在日常生活中，也要注意自身的活动方式。主动保持正确、规范的动作既能改善关节功能，也能避免错误动作再次给身体带来伤害。如站立时身体重心不要倾斜；坐下时不要跷二郎腿，双脚脚掌应平稳放在地面上；走路时脚尖应朝向身体正前方，避免"内八字"或"外八字"的情况；女性尽量少穿高跟鞋，因为长期穿高跟鞋有可能带来膝内扣和膝超伸等问题。

简单体育活动

　　在进行功能改善锻炼之后，就可以进行简单的体育活动了，这些活动可以帮助关节周围的肌肉恢复力量，从多个方面提升关节的结实程度。

进阶体育活动

　　适应了简单的体育活动之后，我们就可以逐步提升难度，进行更高水平的体育活动了，比如使用哑铃（或灌满水的矿泉水瓶）等作为辅助，进一步增强全身力量，增强关节的功能。

1.4 功能锻炼对于老年人的重要性

老年人都想拥有一个好身体。试想，如果能轻轻松松地做家务，毫无障碍地去购物、旅行，对老年人来说是多么珍贵的人生体验。

而现实是，随着年龄的增长，老年人的身体功能面临一系列的挑战：力量下降了，关节也不那么灵活了，最直接的影响就是生活不便。比如你想伸手够到高处的东西，可能很困难；下床需要更多的时间，甚至爬楼梯时会非常吃力，出现关节疼痛，无法爬上爬下。生活中的这些情景对于老年人来说很普遍。这带来的不仅是运动上的不便和生活质量的下降，对老年人的心理也会产生不小的影响。

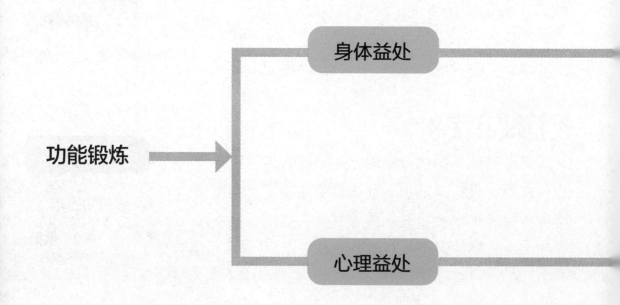

因此对于老年人来说，功能锻炼显得尤为重要。通过功能锻炼，能让老年人的心肺功能得到改善，提升关节的灵活性，增强肌肉力量和耐力，提升身体的平衡能力。这样可以从整体上改善老年人的生活质量，并降低摔倒和其他意外伤害的风险。

除了改善身体功能之外，功能锻炼还可以改善老年人的心态，保持幸福感。行动能力的提升，会让老年人更加充满自信，更积极乐观，减少抑郁情绪。即使是独居的老人，有好的行动能力作保障，也会充满信心地生活，减少对儿女的依赖。

改善心肺功能

提升关节灵活性

增强肌肉力量和耐力

提升身体平衡力

全面提高老年人
生活质量

改善心态

减少抑郁情绪

1.5 老年人进行功能锻炼的安全守则与注意事项

你是否适合进行本书介绍的锻炼呢？请回答以下问题来对你的关节功能进行一个初步的评估吧！

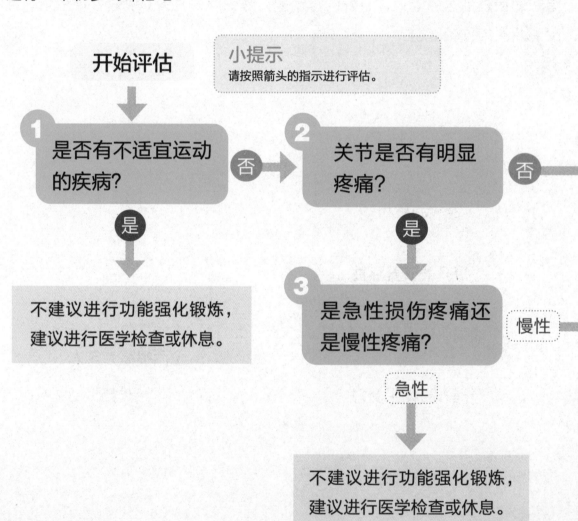

开始评估

小提示
请按照箭头的指示进行评估。

① 是否有不适宜运动的疾病？ 否→ ② 关节是否有明显疼痛？ 否

是↓

不建议进行功能强化锻炼，建议进行医学检查或休息。

是↓

③ 是急性损伤疼痛还是慢性疼痛？ 慢性

急性↓

不建议进行功能强化锻炼，建议进行医学检查或休息。

可以进行功能强化锻炼，但是测试或锻炼过程中有任何不适或疼痛加剧，请立即停止并咨询医疗专业人员。

进行关节功能筛查

疼痛等级小于或等于4级

4 关节周围是否有明显水肿？

否

5 如果将疼痛分为1~10级，你的疼痛等级为多少？

 是

疼痛等级大于4级

不建议进行功能强化锻炼，建议进行医学检查或休息。

不建议进行功能强化锻炼，建议进行医学检查或休息。

疼痛等级线型图

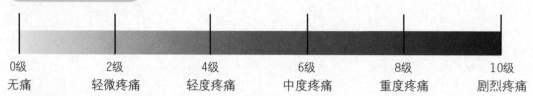

0级	2级	4级	6级	8级	10级
无痛	轻微疼痛	轻度疼痛	中度疼痛	重度疼痛	剧烈疼痛

疼痛等级脸谱图

0级	2级	4级	6级	8级	10级
无痛	轻微疼痛	轻度疼痛	中度疼痛	重度疼痛	剧烈疼痛

注意事项　　如果评估结果显示你可以进行本书的锻炼，那么欢迎你踏上功能强化之路！但在实践中，务必注意以下事项。

1. 进行功能筛查。

若肩关节功能筛查、腰部功能筛查或膝关节功能筛查中的任何一项结果为不合格，请先进行相关的改善练习并重新筛查，待身体薄弱环节得到改善后再开始第11~第16章的锻炼。

2. 将注意力放在锻炼的身体部位上，关注本体感受。

如果在锻炼时漫不经心，那么你的锻炼效果也会大打折扣。比如你在拉伸肌肉时，拉伸的程度是否足够？或者是否拉伸过度？这需要你认真感受来自肌肉的刺激感。如果刺激不够，需要加大拉伸程度；如果刺激过强，则相应需要减少拉伸力度；如果拉伸时产生明显的、强烈的痛感，则需要立刻停止拉伸。正是通过这种本体感受和调节，才能对肌肉进行合适的锻炼，收获良好的锻炼效果。

3. 动作要正确，始终将动作质量放在首位。

保持动作正确，每个动作都要尽量做到位，而不要产生变形。参看本书动作时，要注意动作细节。除此之外，要认识到锻炼质量永远是最重要的，不盲目追求大重量或多重复次数的练习。

4. 关注关节活动度和动作模式。

在关节活动度没有达到合格程度之前，先进行提升关节活动度的锻炼，并培养正确的动作模式。

5. 量力而行，循序渐进。

每个动作要做多少组，每组做多少次，要根据自己的水平来决定。刚开始进行锻炼时，在自己力所能及的范围内，每个动作可以重复较少的次数；适应了当前的锻炼强度后，再逐步提升次数。包括整体的锻炼量的安排，也是如此。

6. 选择合适的锻炼时间。

老年人的消化系统较弱，因此不能在吃饱饭后立刻进行运动。睡前也不宜进行强度过大的锻炼，否则会因为太兴奋而影响入睡。当然，时间也不要太晚，最好在晚上10点之前。

7. 动作速度不要太快。

动作太快会给关节造成损害。

8. 控制力量锻炼的频率。

对于老年人而言，力量锻炼的频率不用太高，建议间隔一天到两天，这样可以使肌肉有充足的恢复时间，不会影响下次锻炼的效果。

第2章

肩关节结构与
功能筛查

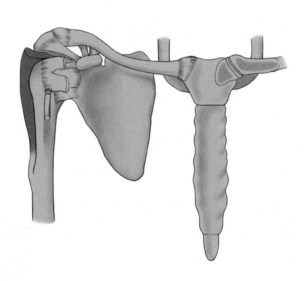

2.1 了解肩关节的结构

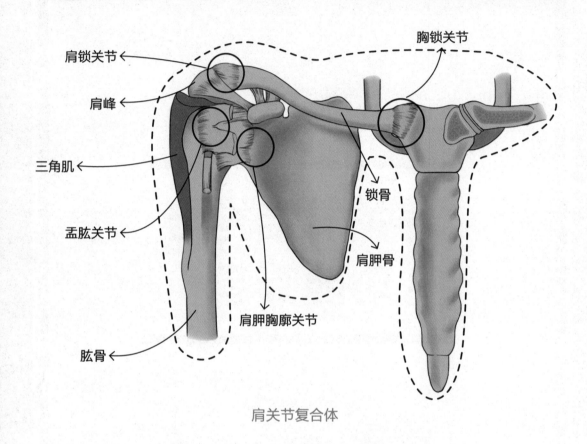

胸锁关节

肩锁关节

肩峰

三角肌

盂肱关节

肱骨

肩胛胸廓关节

锁骨

肩胛骨

肩关节复合体

‹1分钟解剖学 闫琪博士解说›

狭义的肩关节是指盂肱关节。广义的肩关节并不是指一个关节，而是指肩部的整个复合结构，即"肩关节复合体"。

肩关节的运动

肩关节具有非常大的活动范围，可以说是人体最灵活的关节。因此，肩关节周围有许多韧带辅助，以加固肩关节、增强稳定性。肩关节可以做出屈曲、伸展、外旋、内旋、外展、内收以及水平外展、水平内收等动作。

肩关节屈曲

肩关节伸展

肩关节外展

肩关节内收

肩关节外旋

肩关节内旋

肩关节水平外展

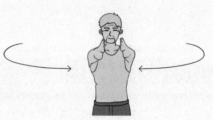

肩关节水平内收

2.2 老年人肩部疼痛的常见原因

　　肩部疼痛是老年人常见的疼痛症状之一。造成老年人肩部疼痛的原因很多，多集中于肌肉和关节的损伤、炎症，以及功能的退化，但究其深层原因，多归根于长期缺乏锻炼和肩部的过度使用。

长期缺乏锻炼

　　很多老年人的生活常态是看书、喝茶和看电视等，这些活动都会导致久坐，缺乏锻炼。还有很多老年人对锻炼的概念停留在每天散步、遛弯的层面，这显然是不全面的，因为在这些活动中身体多处关节的参与度很低，比如肩关节。常年得不到锻炼的肩部，肌肉缺乏力量，关节会变得僵硬，肩关节的功能也逐步退化。这样的肩部很容易被炎症和损伤盯上，诱发肩部疼痛。

肩部的过度使用

　　肩关节的炎症是肩部过度使用的表现之一。肩关节的炎症会带来肩部的疼痛、僵硬、肿胀等，使肩部活动受限。炎症的出现，会因为老年人年龄的增加而更为普遍。尤其是肩周炎，在很大程度上是由于重复使用肩部、肩部过度用力引起的。

　　很多老年人退休后，会帮忙照看孩子、做家务，而抱孩子、拖地、提重物等是每天都要重复的事情。如果肩部缺少锻炼，又被过度使用，很容易带来损伤，造成疼痛。这时你就会发现，抬胳膊这么简单的事情，做起来也变得疼痛而费力。

2.3 老年人肩关节功能状况筛查方法

　　以下每个筛查动作，都会根据受试者所做出动作的幅度，给出相应的筛查结果，以此来帮助受试者判断自己的肩关节功能是否达到基本要求。

　　如果你的筛查结果为"合格"，说明你的肩关节功能达到基本要求，但对于中老年朋友来说，不能满足于"合格"，因为如果不进行预防和锻炼的话，稍不留心，肩关节功能就会退化，并有造成损伤的风险。

　　如果你的筛查结果为"不合格"，那么一定要引起重视。这表明你的肩关节功能需要及时改善，刻不容缓，否则会带来损伤的风险，并且影响身体其他部位功能的发挥。

　　功能筛查只是一种手段，是为了帮助你找到身体的薄弱环节。不同的人会得到不同的结果，但无论结果如何，无论你的肩关节功能处于哪种水平，你都需要进行合适的锻炼，都需要依照6步法强化肩关节功能。只不过不同肩关节功能水平的人，执行6步法的每个步骤的过程长短会有所区别而已。肩关节功能对中老年人生活的影响不容小觑，所以中老年人更需要强化锻炼。

不合格

功能退化 　≫　 及时改善 　≫　 降低损伤风险

筛查1——肩峰撞击综合征

肩峰撞击综合征是一种慢性肩部疼痛综合征，当肩关节外展时由肩峰下组织反复摩擦撞击引起。

▌筛查目的

检查是否有肩峰撞击综合征。

▌筛查重点

肩关节是否出现疼痛。

▌筛查步骤

一侧手触摸对侧肩关节，肘部位于身体正中（左右侧正中间），然后向上抬肘至手臂与地面平行。两侧都要筛查。

▌注意事项

1. 身体自然站立，且保持稳定。
2. 未被筛查的手臂自然贴在体侧。

肘部位于身体正中

合格 筛查过程中两侧肩关节均未出现疼痛。

不合格 筛查过程中任意一侧肩关节出现疼痛。

筛查2——肩关节灵活性

筛查目的

评估肩关节灵活性是否能够达到基本要求。

筛查重点

观察双手是否可触及对侧的肩胛骨上角和肩胛骨下角。

筛查步骤

单侧手臂分别经过同侧肩部上方去触碰对侧的肩胛骨上角，从同侧肩部下方去触碰对侧的肩胛骨下角。两侧都要筛查。

注意事项

1. 保持身体直立。
2. 手臂不要过度用力伸够。

触碰肩胛骨上角

触碰肩胛骨下角

合格　双手均可触及对侧的肩胛骨上角和肩胛骨下角。

不合格　任意一只手不能触及对侧的肩胛骨上角或肩胛骨下角，或筛查过程中出现疼痛。

筛查3——肩关节外旋活动度

筛查目的

评估肩关节外旋的灵活性，以及两侧肩关节是否存在不对称。

筛查重点

测量前臂向上转动的幅度（前臂与水平面的夹角）。

筛查步骤

1. 单侧手臂屈肘90度，上臂与地面平行，且与肩呈一条直线。手握拳，拳心向下。

2. 上臂保持位置不变，前臂向上转动。两侧都要筛查。

注意事项

1. 上臂始终保持与地面平行。
2. 保持身体直立。
3. 避免耸肩。

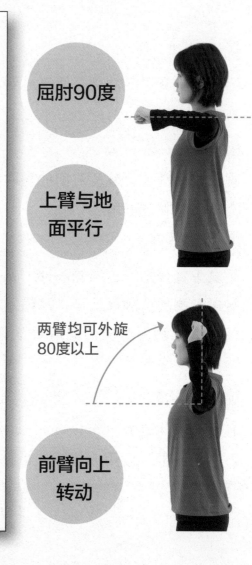

屈肘90度

上臂与地面平行

两臂均可外旋80度以上

前臂向上转动

合格 两侧前臂向上转动的幅度大于等于80度，且两侧没有明显差异（不超过5度）。

不合格 任意一侧前臂向上转动的幅度小于80度，或两侧外旋角度存在明显差异（超过5度）；或筛查过程中出现疼痛。

筛查4——肩关节内旋活动度

筛查目的

评估肩关节内旋的灵活性，以及两侧肩关节是否存在不对称。

筛查重点

测量前臂向下转动的幅度（前臂与水平面的夹角）。

筛查步骤

1. 单侧手臂屈肘90度，上臂与地面平行，且与肩呈一条直线。手握拳，拳心向下。

2. 上臂保持位置不变，前臂向下转动。两侧都要筛查。

注意事项

1. 上臂始终保持与地面平行。
2. 保持身体直立。
3. 避免耸肩。

屈肘90度

上臂与地面平行

两臂均可内旋70度以上

前臂向下转动

合格 两侧前臂向下转动的幅度大于等于70度，且两侧没有明显差异（不超过5度）。

不合格 任意一侧前臂向下转动的幅度小于70度，或两侧内旋角度存在明显差异（超过5度）；或筛查过程中出现疼痛。

27

筛查5——肩关节屈曲活动度

腰背挺直

经体前
抬起

两臂均能向上抬
起160度以上

■ 筛查目的

评估肩关节屈曲的灵活性，以及两侧
肩关节是否存在不对称。

■ 筛查重点

测量手臂向上抬起的幅度（手臂与最
初位置的夹角）。

■ 筛查步骤

1. 保持身体直立，两侧手臂在体侧保
持不动。

2. 一侧手臂伸直，经身体前方向上抬
起至最大限度。两侧都要筛查。

■ 注意事项

1. 筛查手臂伸直，上臂紧贴耳朵。

2. 保持身体直立。

3. 避免耸肩。

合格　两侧手臂均能向上抬起160度以上，且两侧没有明显
　　　差异（不超过10度）。

不合格　任意一侧手臂不能向上抬起160度以上，或两侧手臂
　　　抬起角度存在明显差异（超过10度）；或筛查过程中
　　　出现疼痛。

筛查6——肩关节伸展活动度

筛查目的

评估肩关节伸展的灵活性，以及两侧肩关节是否存在不对称。

筛查重点

测量手臂后抬的幅度（手臂与最初位置的夹角）。

筛查步骤

1. 保持身体直立，两侧手臂在体侧保持不动。

2. 一侧手臂伸直，后抬至最大限度。两侧都要筛查。

注意事项

1. 筛查手臂伸直，上臂夹紧躯干。

2. 保持躯干及下肢直立。

3. 避免过度用力。

4. 避免耸肩。

伸直后抬

两臂均可后抬
40度以上

合格　两侧手臂均能后抬40度以上，且两侧没有明显差异（不超过10度）。

不合格　任意一侧手臂不能后抬40度以上，或两侧手臂后抬角度存在明显差异（超过10度）；筛查过程中出现疼痛，也被视为不合格。

筛查7——胸椎灵活性

筛查目的

评估胸椎的灵活性。

筛查重点

打开的手臂是否能够触地及其与同侧肩关节在平面内的位置关系。

筛查步骤

1. 在瑜伽垫上侧卧，屈膝90度，双臂在身前伸直合掌。

2. 保持下方手臂贴地不动，下肢不动，上方手臂向上伸展打开，头部跟随转动。将手臂向后打开至最大限度。两侧都要筛查。

注意事项

1. 紧贴地面的手臂和下肢保持固定。

2. 眼睛一直看向打开的手臂，头部随之转动。

3. 髋关节不要向手臂打开的方向翻转。

合掌

向后打开

触地

合格 打开的手臂能够触地，或者两侧肩关节连线与地面的夹角大于等于160度。

不合格 两侧肩关节连线与地面的夹角小于160度（起始位置其夹角为90度），或筛查过程中出现疼痛。

第 3 章

肩关节功能
改善锻炼

3.1 筛查1不合格——摆脱肩峰撞击综合征

1

90-90呼吸

页码　第127页

每组30~60次，1~2组，间歇30秒

2

泡沫轴松解胸椎周围软组织

页码　第130页

每组30~60秒，1~2组，间歇30秒

3

泡沫轴松解背阔肌

页码　第130页

每组30~60秒，1~2组，间歇30秒

4

网球松解胸肌

页码　第133页

每组30~60秒，1~2组，间歇30秒

5

翻书练习

页码　第154页

每组8~10次，1~2组，间歇30秒

6

侧向伸展

页码　第141页

每组20~30秒，1~2组，间歇30秒

7

站姿胸肌拉伸

页码　第141页

每组20~30秒，1~2组，间歇30秒

8

肱二头肌拉伸

页码　第142页

每组20~30秒，1~2组，间歇30秒

9

站姿W字

页码　第163页

每组8~10次，1~2组，间歇30秒

10

手持饮料瓶单臂垂直外旋

页码　第164页

每组8~10次，1~2组，间歇30秒

3.2 筛查2不合格——改善肩关节灵活性

仰卧式呼吸

| 页码 | 第126页 |

每组10~15次，1~2组，间歇30秒

泡沫轴松解胸椎周围软组织

| 页码 | 第130页 |

每组30~60秒，1~2组，间歇30秒

泡沫轴松解背阔肌

| 页码 | 第130页 |

每组30~60秒，1~2组，间歇30秒

4

网球松解胸肌

| 页码 | 第133页 |

每组30~60秒，1~2组，间歇30秒

5

侧向伸展

| 页码 | 第141页 |

每组30~60秒，1~2组，间歇30秒

6

站姿胸肌拉伸

| 页码 | 第141页 |

每组30~60秒，1~2组，间歇30秒

3.3 筛查3不合格——改善肩关节外旋活动度

① 站姿呼吸

页码　第127页

每组10~15次，2~3组，间歇30秒

② 肩部下拉

页码　第151页

每组20~30秒，1~2组，间歇30秒

3

靠墙天使

| 页码 | 第163页 |

每组8~10次，1~2组，间歇30秒

4

手持饮料瓶单臂垂直外旋

| 页码 | 第164页 |

每组8~10次，1~2组，间歇30秒

5

弹力带肩关节外旋

| 页码 | 第164页 |

每组8~10次，1~2组，间歇30秒

3.4 筛查4不合格——改善肩关节内旋活动度

① 站姿呼吸

页码	第127页

每组10~15次，2~3组，间歇30秒

② 肩部上提

页码	第152页

每组20~30秒，1~2组，间歇30秒

③ 靠墙天使

| 页码 | 第163页 |

每组8~10次，1~2组，间歇30秒

④ 手持饮料瓶单臂垂直外旋

| 页码 | 第164页 |

每组8~10次，1~2组，间歇30秒

⑤ 弹力带肩关节内旋

注：做本练习时，弹力带固定方向及运动方向与第164页的"弹力带肩关节外旋"相反，二者动作要点基本一致。

每组8~10次，1~2组，间歇30秒

3.5 筛查5不合格——改善肩关节屈曲活动度

1 90-90呼吸

| 页码 | 第127页 |

每组10~15次，2~3组，间歇30秒

每组30~60秒，1~2组，间歇30秒

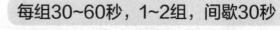

2 泡沫轴松解背阔肌

| 页码 | 第130页 |

3 背阔肌拉伸

| 页码 | 第140页 |

每组20~30秒，1~2组，间歇30秒

4

翻书练习

| 页码 | 第154页 |

每组8~10次，1~2
组，间歇30秒

5

肱三头肌拉伸

| 页码 | 第142页 |

每组20~30秒，1~2
组，间歇30秒

6

站姿W字

| 页码 | 第163页 |

每组8~10次，1~2
组，间歇30秒

3.6 筛查6不合格——改善肩关节伸展活动度

1

鳀鱼式呼吸

| 页码 | 第126页 |

每组10~15次，2~3组，间歇30秒

2

泡沫轴松解胸椎周围软组织

| 页码 | 第130页 |

每组30~60秒，1~2组，间歇30秒

3

网球松解胸肌

| 页码 | 第133页 |

每组30~60秒，1~2组，间歇30秒

站姿胸肌拉伸

| 页码 | 第141页 |

每组20~30秒，1~2组，间歇30秒

肱二头肌拉伸

| 页码 | 第142页 |

每组20~30秒，1~2组，间歇30秒

站姿W字

| 页码 | 第163页 |

每组8~10次，1~2组，间歇30秒

3.7 筛查7不合格——改善 胸椎灵活性

1

鳄鱼式呼吸

| 页码 | 第126页 |

每组10~15次，2~3组，间歇30秒

2

泡沫轴松解胸椎周围软组织

| 页码 | 第130页 |

每组30~60秒，1~2组，间歇30秒

3

猫式伸展

| 页码 | 第155页 |

每组10~15次，2~3组，间歇30秒

腰椎锁定胸椎旋转

| 页码 | 第156页 |

每组8~10次，1~2组，间歇30秒

抗阻胸椎旋转

| 页码 | 第157页 |

每组8~10次，1~2组，间歇30秒

麻花拉伸

| 页码 | 第158页 |

每组8~10次，1~2组，间歇30秒

第4章

预防与缓解
肩痛的锻炼

4.1 预防与缓解肩痛（基础篇）

1 仰卧式呼吸

页码 第126页

每组10~15次，2~3组，间歇30秒

2 泡沫轴松解胸椎周围软组织

页码 第130页

每组30~60秒，1~2组，间歇30秒

3 泡沫轴松解背阔肌

页码 第130页

每组30~60秒，1~2组，间歇30秒

4 网球松解胸肌

页码 第133页

每组30~60秒，1~2组，间歇30秒

5 网球松解上斜方肌

页码 第133页

每组30~60秒，1~2组，间歇30秒

6 颈部前侧、后侧、两侧拉伸

页码　第139页

每组20~30秒，1~2组，间歇30秒

7 仰卧双手拉毛巾划臂练习

页码　第162页

每组8~10次，1~2组，间歇30秒

8 跪撑胸椎旋转

页码　第155页

每组8~10次，1~2组，间歇30秒

9 俯卧W字

页码　第162页

每组8~10次，1~2组，间歇30秒

10 坐姿弹力带直臂水平拉左右转头

页码　第165页

每组8~10次，1~2组，间歇30秒

4.2 预防与缓解肩痛（进阶篇）

1 90-90 呼吸

| 页码 | 第127页 |

每组10~15次，2~3组，间歇30秒

2 翻书练习

| 页码 | 第154页 |

每组8~10次，1~2组，间歇30秒

3 颈部前侧、后侧、两侧拉伸

| 页码 | 第139页 |

每组20~30秒，1~2组，间歇30秒

4

背阔肌拉伸

| 页码 | 第140页 |

每组20~30秒，1~2组，间歇30秒

5

坐姿胸肌拉伸

| 页码 | 第140页 |

每组20~30秒，1~2组，间歇30秒

6

体后拉毛巾直臂上抬

| 页码 | 第150页 |

每组20~30秒，1~2组，间歇30秒

7

左上肢主导翻滚

| 页码 | 第172页 |

每组8~10次，1~2组，间歇30秒

8

靠墙天使

| 页码 | 第163页 |

每组8~10次，1~2组，间歇30秒

10

拉弹力带左右转头

| 页码 | 第165页 |

每组8~10次，1~2组，间歇30秒

9

手持饮料瓶单臂垂直外旋

| 页码 | 第164页 |

每组8~10次，1~2组，间歇30秒

第5章

腰部结构与
功能筛查

5.1 了解腰椎的结构

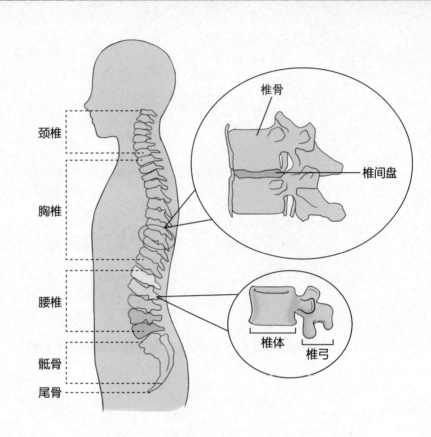

颈椎

胸椎

腰椎

骶骨

尾骨

椎骨

椎间盘

椎体

椎弓

⚡1分钟解剖学　闫琪博士解说⚡

脊柱是人体重要的支撑结构之一，由脊椎构成。它从上到下可分为颈椎（7块）、胸椎（12块）、腰椎（5块）、骶骨（5块骶骨相融）、尾骨五部分。腰椎支撑腰部，呈前凸状态，使得腰部能够在较大范围内进行伸展、屈曲和侧屈活动。

腰椎的重要结构——椎间盘

纤维环：相当于果冻甜甜圈的油酥皮，是由纤维软骨组成的坚韧的组织，主要作用是减震和缓冲压力。

髓核：相当于果冻甜甜圈的果冻，是凝胶状组织。当力均匀地施加在椎间盘（果冻甜甜圈）上时，髓核（果冻）就会被均匀地向外挤压；当力只作用于椎间盘前部，例如向前弯腰时，髓核就会被推向后部。

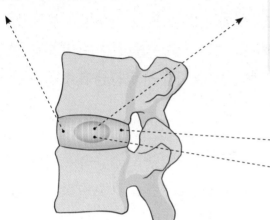

就像果冻甜甜圈外面是油酥皮、里面是果冻一样，椎间盘也分为外部（纤维环）和内部（髓核）两个部分。

腰部的运动

　　人体的脊柱允许颈部、腰部做出向后屈、向前弯、左右旋转和左右侧屈的动作。以腰部为例来说明，见下图。

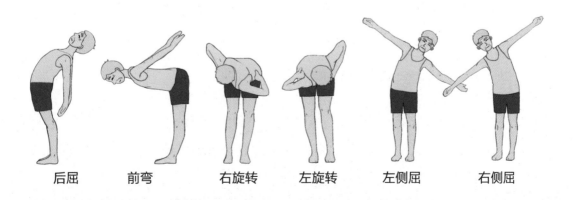

| 后屈 | 前弯 | 右旋转 | 左旋转 | 左侧屈 | 右侧屈 |

5.2 老年人腰痛的常见原因

　　腰痛在现代社会中越来越普遍，对很多老年人来说，腰痛更是挥之不去的身体之"痛"。

　　老年人常见的腰痛，多来自骨关节疾病、腰肌劳损、腰椎间盘突出、腰椎管狭窄等。而追溯这些疾病的最终源头，是来源于生活中的错误动作或姿势。老年人可对照下面常见的动作和姿势，看是否自己也符合其中的一条或若干条。

久坐、久站

　　看电视、读书、看报、下棋、写字等，这些和久坐、久站有关的活动对老年人来说很普遍，而且一进行就是大半天。虽然过得很开心惬意，但你的腰是否受得了呢？腰肌劳损、腰椎间盘突出会伴随而来。

单侧负重

　　习惯于单手抱孩子、单手拎东西，身体重心常位于身体的单侧，对该侧腰椎是一个不小的挑战，时间长了，疼痛也就来了。

弓背弯腰

　　老年人所从事的活动，有些是需要弓背弯腰进行的，比如弯腰侍弄花草、弯腰拖地等，经常要花上半天工夫。当这些活动结束后，最常见的感受就是腰酸背疼。

从事单一项目过多

　　即使有些老年人热衷于运动，但如果过多地从事一种项目，对腰部也是不友好的。比如长期打高尔夫球、网球等，击球时需要腰部发力，且腰部总向一侧扭转，时间长了，也容易引发腰痛。

5.3 老年人腰部功能状况筛查方法

以下每个筛查动作都会根据受试者所做出动作的幅度，给出相应的筛查结果，以此来帮助受试者判断自己的腰部功能是否达到基本要求。

如果你的筛查结果为"合格"，说明你的腰部功能达到基本要求。但对中老年人来说，不能满足于"合格"，因为如果不进行预防和锻炼，稍不留心，腰部功能就会退化，并有造成损伤的风险。

如果你的筛查结果为"不合格"，那么一定要引起重视。这表明你的腰部功能比较弱，需要及时改善，刻不容缓，否则会有损伤的风险。腰部对身体其他部位功能的发挥具有十分重要的作用，因此腰部更需要具备基本的功能。

功能筛查只是一种手段，是为了帮助你找到身体的薄弱环节。不同的人会得到不同的结果，但无论结果如何，无论你的腰部功能处于哪种水平，你都需要进行合适的锻炼，都需要依照腰部功能强化6步法，来巩固腰部功能。只不过具备不同腰部功能水平的人，执行6步法的每个步骤的过程长短会有所区别。腰部功能对中老年人生活的影响不容小觑，中老年人更需要强化锻炼。

筛查1——呼吸模式

呼吸是伴随生命一直存在的运动，生命存在，呼吸不止。我们每天大约会呼吸2万次。呼吸的频率如此之高，如果呼吸表现不良，对人体产生的不良影响就会很明显，不仅会带来身体局部的疼痛，影响运动表现，还会带来心理问题。

人体内有专门用于呼吸的肌肉（呼吸肌），如膈肌、肋间肌、腹肌等。除此之外，还有一些肌肉会辅助呼吸，如胸小肌、胸锁乳突肌、斜角肌、斜方肌、背阔肌、前锯肌、腰方肌等。如果呼吸肌功能不良、不足以满足呼吸需要，辅助呼吸的肌肉则会承担更多的工作。虽然一次呼吸并不会耗费太多能量，但每天上万次的呼吸会让这些辅助呼吸的肌肉总是处于紧张状态，久而久之就会引发腰痛。

因此，提升呼吸肌的功能，能将辅助呼吸的肌肉解放出来，使它们在维持脊柱稳定、提升运动表现方面发挥更大的作用，并有效缓解腰痛。

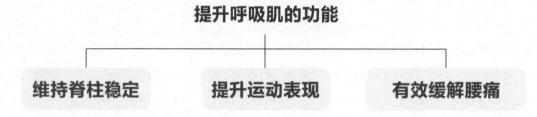

那什么样的呼吸模式是错误的呢？下面列出几点，看看你是否存在这些错误的呼吸模式。

呼吸模式错误的表现

（1）吸气时，整个胸廓会做上提运动（上胸部更加明显）。

（2）呼吸时以胸部运动为主，而不是腹部运动。

（3）低位肋骨无侧方偏移。

（4）腹壁在吸气时向内移动，在呼气时向外移动。

（5）腹壁不能维持支撑和正常的呼吸。

（6）浅呼吸，即腹部或者胸廓仅轻微活动或无活动。

如果你经过筛查发现自己的呼吸模式是错误的，该如何改善呢？本书将在第6章中详细介绍，读者可参看第6章相关内容。

1分钟解剖学 闫琪博士解说

胸式呼吸与腹式呼吸并用。如果我们过度使用胸式呼吸，容易引发身体的一系列问题，如形成不良身姿和带来肩颈、腰背疼痛等。而进行腹式呼吸的吸气动作时，横膈膜向下延伸，肺部扩展空间变大，摄氧能力提升，能充分满足运动要求。

筛查2——胸椎灵活性

■ 筛查目的

筛查胸椎的灵活性。

■ 筛查重点

打开的手臂是否能够触地及其与同侧肩关节在平面内的位置关系。

■ 筛查步骤

1. 在瑜伽垫上侧卧，屈膝90度，双臂在身前伸直合掌。

2. 保持下方手臂贴地不动，下肢不动，上方手臂向上伸展打开。将手臂向后打开至最大限度。两侧都要筛查。

■ 注意事项

1. 紧贴地面的手臂和下肢保持固定。

2. 眼睛一直看向打开的手臂，头部随之转动。

3. 髋关节不要向手臂打开的方向翻转。

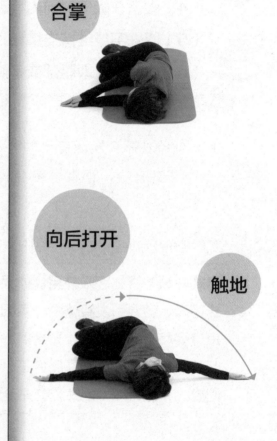

合掌

向后打开

触地

合格　打开的手臂能够触地，或者两侧肩关节连线与地面的夹角大于等于160度。

不合格　两侧肩关节连线与地面的夹角小于160度（起始位置其夹角为90度），或筛查过程中出现疼痛。

筛查3——主动直腿上抬

筛查目的

筛查髋关节主动屈曲时伸髋肌的灵活性，以及两侧伸髋肌是否存在功能不对称的情况。

筛查重点

测量抬起的腿与地面的夹角。

筛查步骤

1. 平躺于瑜伽垫上，双臂贴在身体两侧，掌心向上，双腿并拢，脚掌垂直于地面。

2. 身体其他部位保持不动，测试腿向上抬起至最大限度，然后回到初始姿势。两侧都要筛查。

注意事项

1. 抬起的腿不要左右摇晃。

2. 下方的腿保持完全贴地。

3. 不要为了抬得更高而过度用力。

脚尖勾起

膝关节伸直

合格 抬起的腿与地面的夹角大于等于70度。

不合格 抬起的腿与地面的夹角小于70度，或两侧腿抬起角度相差超过10度。

筛查4——俯卧髋关节主动伸展

■ 筛查目的

筛查髋关节主动伸展时屈髋肌的灵活性，以及两侧屈髋肌是否存在功能不对称的情况。

■ 筛查重点

测量抬起的腿与地面的夹角。

■ 筛查步骤

1. 俯卧于瑜伽垫上，双臂贴在身体两侧，掌心向上，双腿并拢。

2. 身体其他部位保持不动，测试腿向上抬起至最大限度，然后回到初始姿势。两侧都要筛查。

■ 注意事项

1. 下方的腿保持完全贴地。

2. 进行该筛查前，不需要进行其他动作练习。

3. 抬起的腿不要左右摇晃。

4. 不要为了抬得更高而过度用力。

大腿贴地

合格！

手臂贴地

≥15度：合格

合格　抬起的腿与地面的夹角大于等于15度。

不合格　抬起的腿与地面的夹角小于15度，或两侧腿抬起角度相差超过5度。

筛查5——俯卧双腿屈膝内旋

筛查目的

筛查髋关节内旋时髋关节外旋肌的灵活性，以及两侧外旋肌是否存在功能不对称的情况。

筛查重点

测量小腿向外打开的幅度，即小腿向外打开时与垂直面的夹角。

筛查步骤

1. 俯卧于瑜伽垫上，双臂贴在身体两侧，掌心向上，双腿并拢。双膝屈曲90度。

2. 身体其他部位保持不动，双腿向两侧打开至最大幅度，最后回到初始姿势。

注意事项

1. 髋部保持稳定，且紧贴地面。

2. 两侧大腿始终保持并拢。

3. 两侧小腿自然打开，不能过度用力。

脚跟靠拢

合格！

≥30度且两侧相差不超过5度：合格

合格　两侧小腿向外打开幅度均超过30度且相差不超过5度。

不合格　任意一侧小腿向外打开幅度小于30度，或两侧小腿向外打开幅度相差超过5度。

筛查6——髋关节铰链

筛查目的

筛查做髋关节铰链动作时是否存在功能障碍和薄弱环节。

筛查重点

• 膝关节与脚尖是否能保持方向一致。如果不能，则说明有膝关节内扣现象。

• 骨盆是否有明显的倾斜。

• 躯干是否能保持挺直，或背后长杆上侧是否能贴枕骨、下侧是否能贴骶骨。

筛查步骤

1. 身体呈正直站立姿势，双脚距离与肩宽相同，两手分别在头部后方和下腰背处握紧长杆，使长杆上侧贴枕骨，下侧贴骶骨。

2. 保持上身动作不变，髋部后顶，最终膝关节微屈，髋关节屈曲60度。

注意事项

1. 整个筛查过程中，保持小腿垂直于地面。

2. 整个筛查过程中，保持长杆上侧紧贴枕骨，下侧紧贴骶骨。

下颌微收

向后顶髋

合格　"筛查重点"中三种情况，均能做到动作正确。

不合格　膝关节不能与脚尖方向保持一致，或骨盆倾斜，或躯干不能挺直，或长杆上侧不能贴枕骨，或长杆下侧不能贴骶骨，有以上任何一种情况均为不合格。

第6章

腰部功能
改善锻炼

6.1 筛查1不合格——改善呼吸模式

① 站姿呼吸

| 页码 | 第127页 |

每组8~10次，1~2组，间歇30秒

② 鳄鱼式呼吸

| 页码 | 第126页 |

每组10~15次，1~2组，间歇30秒

③ 仰卧式呼吸

| 页码 | 第126页 |

每组8~10次，1~2组，间歇30秒

4 90-90呼吸

| 页码 | 第127页 |

每组8~10次，1~2组，间歇30秒

5 翻书练习

| 页码 | 第154页 |

每组8~10次，1~2组，间歇30秒

6 猫式伸展

| 页码 | 第155页 |

每组8~10次，1~2组，间歇30秒

6.2 筛查2不合格——改善胸椎灵活性

1

鳄鱼式呼吸

| 页码 | 第126页 |

每组8~10次，1~2组，间歇30秒

2

泡沫轴松解胸椎周围软组织

| 页码 | 第130页 |

每组30~60秒，1~2组，间歇30秒

3

猫式伸展

| 页码 | 第155页 |

每组8~10次，1~2组，间歇30秒

④

腰椎锁定胸椎旋转

| 页码 | 第156页 |

每组8~10次，1~2组，间歇30秒

⑤

抗阻胸椎旋转

| 页码 | 第157页 |

每组8~10次，1~2组，间歇30秒

⑥

麻花拉伸

| 页码 | 第158页 |

每组8~10次，1~2组，间歇30秒

6.3 筛查3不合格——改善髋关节屈曲活动度

鳄鱼式呼吸

| 页码 | 第126页 |

每组8~10次，1~2组，间歇30秒

网球松解大腿后侧肌肉

| 页码 | 第136页 |

每组30~60秒，1~2组，间歇30秒

泡沫轴松解大腿内侧肌肉

| 页码 | 第131页 |

每组30~60秒，1~2组，间歇30秒

网球松解臀肌

页码	第134页

每组30~60秒，1~2组，间歇30秒

仰卧拉伸臀肌

页码	第143页

每组20~30秒，1~2组，间歇30秒

坐姿股后肌群拉伸

页码	第145页

仰卧单侧主动直腿上抬

页码	第173页

每组30~60秒，1~2
组，间歇30秒

每组8~10次，1~2
组，间歇30秒

6.4 筛查4不合格——改善髋关节伸展活动度

①

每组8~10次，1~2组，间歇30秒

90-90呼吸

| 页码 | 第127页 |

②

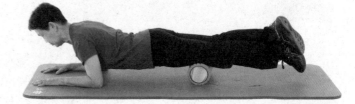

每组30~60秒，1~2组，间歇30秒

泡沫轴松解大腿前侧肌肉

| 页码 | 第131页 |

③

每组30~60秒，1~2组，间歇30秒

泡沫轴松解大腿外侧肌肉

| 页码 | 第132页 |

4

网球松解髂腰肌

| 页码 | 第134页 |

每组30~60秒，1~2组，间歇30秒

5

单腿跪姿拉伸髂腰肌

| 页码 | 第146页 |

每组20~30秒，1~2组，间歇30秒

6

股直肌拉伸

| 页码 | 第143页 |

每组20~30秒，1~2组，间歇30秒

7

麻花拉伸

| 页码 | 第158页 |

每组8~10次，1~2组，间歇30秒

6.5 筛查5不合格——改善髋关节内旋活动度

1

鲷鱼式呼吸

| 页码 | 第126页 |

每组8~10次，1~2组，间歇30秒

2

泡沫轴松解大腿外侧肌肉

| 页码 | 第132页 |

每组30~60秒，1~2组，间歇30秒

3

网球松解臀肌

| 页码 | 第134页 |

每组30~60秒，1~2组，间歇30秒

④

仰卧拉伸臀肌

| 页码 | 第143页 |

每组20~30秒，1~2组，间歇30秒

⑤

半坐姿臀肌拉伸

| 页码 | 第145页 |

每组20~30秒，1~2组，间歇30秒

麻花拉伸

| 页码 | 第158页 |

每组20~30秒，1~2组，间歇30秒

6.6 筛查6不合格——改善髋关节铰链动作

1

网球松解臀肌

| 页码 | 第134页 |

每组30~60秒，1~2组，间歇30秒

2

网球松解大腿后侧肌肉

| 页码 | 第136页 |

每组30~60秒，1~2组，
间歇30秒

每组20~30秒，1~2组，间歇30秒

3

仰卧拉伸臀肌

| 页码 | 第143页 |

坐姿股后肌群拉伸

| 页码 | 第145页 |

每组20~30秒，1~2
组，间歇30秒

仰卧动态臀桥

| 页码 | 第173页 |

站姿臀部触墙

| 页码 | 第174页 |

每组8~10次，1~2组，间歇
30秒

每组8~10次，1~2组，间歇30秒

第7章

预防与缓解
腰痛的锻炼

预防与缓解腰痛
（基础篇）

7.1

①

鳄鱼式呼吸

| 页码 | 第126页 |

每组8~10次，1~2组，间歇30秒

②

泡沫轴松解胸椎
周围软组织

| 页码 | 第130页 |

每组30~60秒，1~2组，间歇30秒

③

每组8~10次，1~2组，间歇30秒

泡沫轴胸椎伸展

| 页码 | 第154页 |

4

每组8~10次，1~2组，
间歇30秒

翻书练习

页码　第154页

5

每组30~60秒，1~2组，间歇30秒

网球松解臀肌

页码　第134页

6

仰卧拉伸臀肌

页码　第143页

每组20~30秒，1~2组，间歇30秒

7

下肢主导翻滚练习

页码　第172页

每组8~10次，1~2组，间歇30秒

7.2 预防与缓解腰痛（进阶篇）

1 每组30~60秒，1~2组，间歇30秒

网球松解臀肌

页码　第134页

2 每组30~60秒，1~2组，间歇30秒

网球松解大腿后侧肌肉

页码　第136页

3 每组20~30秒，1~2组，间歇30秒

仰卧拉伸臀肌

页码　第143页

4 每组20~30秒，1~2组，间歇30秒

坐姿股后肌群拉伸

页码　第145页

5

跪撑胸椎旋转

| 页码 | 第155页 |

每组8~10次，1~2组，间歇30秒

6

翻书练习

| 页码 | 第154页 |

每组8~10次，1~2组，间歇30秒

7

网球松解臀肌

| 页码 | 第134页 |

每组30~60秒，1~2组，间歇30秒

8

每组20~30秒，1~2组，间歇30秒

仰卧拉伸臀肌

| 页码 | 第143页 |

9

每组8~10次，1~2组，间歇30秒

四点支撑对侧伸展

| 页码 | 第167页 |

第8章

膝关节结构与
功能筛查

咔嚓

8.1 了解膝关节的结构

　　膝关节是全身最重要的关节之一，使用频率很高。下肢的活动几乎都离不开膝关节，而且大部分时候它还承担着支撑体重的作用。因此，膝关节是最容易受伤的关节之一。随着人们年龄的增长，膝关节功能的退化、灵活性与稳定性的下降是不可避免的。所以老年人通过锻炼来强化膝关节功能并提升健康水平，是十分必要的，这不仅关乎身体的总体健康水平，也关乎老年人生活的质量和便利程度。

想彻底了解膝关节及其功能，我们不妨通过一些结构图，来对它进行更直观的认识吧！

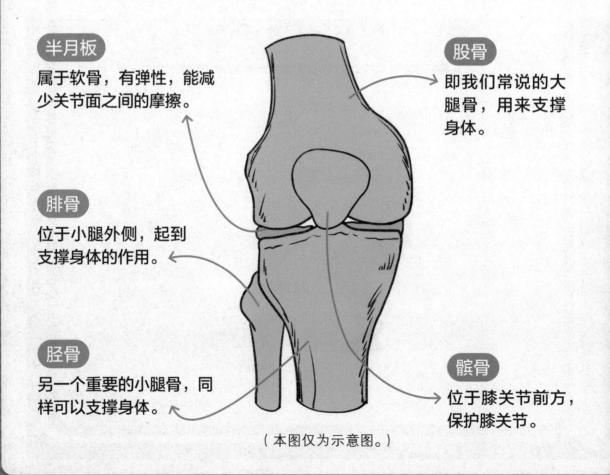

半月板
属于软骨，有弹性，能减少关节面之间的摩擦。

股骨
即我们常说的大腿骨，用来支撑身体。

腓骨
位于小腿外侧，起到支撑身体的作用。

胫骨
另一个重要的小腿骨，同样可以支撑身体。

髌骨
位于膝关节前方，保护膝关节。

（本图仅为示意图。）

膝关节如果要维持正常的功能，离不开"好邻居"髋关节及其相关肌肉的帮助，因此，我们在这里也有必要将髋关节的基本结构展示出来，使大家进一步在整体上认知膝关节。

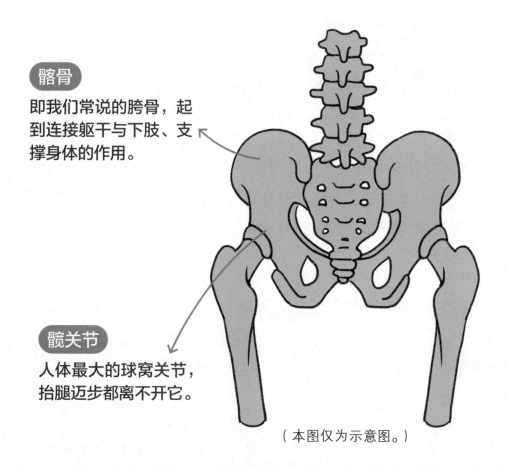

髂骨

即我们常说的胯骨，起到连接躯干与下肢、支撑身体的作用。

髋关节

人体最大的球窝关节，抬腿迈步都离不开它。

（本图仅为示意图。）

8.2 老年人膝盖痛的常见原因

膝关节疼痛，俗称为膝盖疼痛。而如果你留心观察周围的老年人群体，会发现很多老年人都被膝盖疼痛这个问题所困扰。很多老年人无论是上下楼梯，还是弯腰捡东西，都时常感到膝盖疼，有时膝盖处还会有异常的响声。

膝盖疼痛是因为他们缺乏锻炼吗？事实上，很多老年人比年轻人拥有更多的锻炼时间，健步走就是老年人群体中十分流行的健身方式。

膝盖疼痛是年龄增大导致的吗？虽然人体各器官会随着年龄的增长而逐渐老化，但疼痛不应该是正常老化的表现。

> 为了便于阅读和理解，本书用"膝盖"一词来泛指膝关节及周围组织。

那么，膝盖疼痛到底是什么病症引起的呢？

很多老人在发现疼痛不能自行减轻或消除后，往往会来到医院问诊，而最常见的诊断结果是膝关节退行性病变，通俗地说，就是老年性关节炎。造成这种疾病的原因有很多种，比如膝关节的老年性退化，膝关节的负担过大、长期磨损等。

◆ **以下行为和病症都会引起膝盖疼痛：**

- 长期站立
- 过度使用
- 膝盖受寒
- 摔跤伤到膝盖
- 缺钙导致的骨质疏松
- 半月板损伤
- 滑膜炎
- 膝关节韧带损伤

医生的嘱咐：回去加强锻炼

很多老年人在膝盖出现疼痛后来到医院进行各种检查，但并没有发现有诸如撕裂、错位等明显的结构性问题。这时，医生一般都会嘱咐他们回去后加强锻炼，让膝盖变得结实起来。那么问题就来了，如何锻炼，才能让膝盖结实起来呢？健步走是很多人都认可的健身方式，可为什么越走膝盖越疼呢？

你明白怎么锻炼吗？

毫无疑问，如果想解决问题，我们就要找到问题的根源，了解疼痛产生的原因。人体所出现的疼痛，除了由明显的组织创伤带来之外，还有很多其他方面的原因。下面我们以膝关节为例，来具体说明。膝关节的疼痛常来自关节面的磨损，关节面本身并不能感知疼痛，而磨损带来的炎症会使我们感到疼痛。关节面的磨损一般来自以下几个方面：

• 和膝关节相关的某些肌肉、筋膜组织过于僵硬和紧绷，甚至力量过于薄弱。膝关节在这些失衡的肌肉、筋膜组织的牵拉下，就会处于位置偏移的状态，在这种状态下活动，必然会使关节的某一部分承受更多的压力，从而产生磨损。

• 相邻的关节存在活动度不足或肌肉力量薄弱的状况。比如，髋关节和膝关节互为"邻居"，一旦髋关节灵活性不足或相关肌肉变得薄弱，本该由髋关节承担的力，会被迫由膝关节来承担，进而加重膝关节的磨损。如果髋关节活动度不足的话，也会让膝关节偏离正确的位置，受力不均匀，产生损伤。

• 运动时动作不正确。比如健步走，在脚落地时，膝关节和脚尖方向不一致，或者有明显的骨盆倾斜等问题，这时大部分来自地面的反作用力都会由膝关节独自承担，由此造成膝关节的磨损。

所以，认识到这些原因，才能慢慢学会放松紧张的肌肉，纠正身体肌肉、筋膜组织存在的不平衡现象。运动时注意将动作做正确，才能做到有效锻炼，让身体更加结实，在以后的运动中减少受伤的可能。

8.3 老年人膝关节功能状况筛查方法

筛查说明

筛查是为了了解膝关节功能，找到膝关节的功能障碍，初步判断是否有损伤风险。根据筛查的结果，我们可以判断膝关节损伤的恢复程度，知道哪些动作习惯不正确，并根据结果制订适合自己的锻炼计划。

下面为大家提供几个针对膝关节及其相关联的重要部位的筛查方法，主要是关节活动度的筛查与基础功能动作的筛查。筛查过程中，需要家人或朋友的协助，来重点观察我们完成动作的过程，判断动作完成的质量，然后通过对动作过程和结果的分析，我们可以知道自己的膝关节存在哪些功能障碍，以及存在的薄弱环节，并在后续的锻炼中有针对性地进行练习。

具体的筛查过程中，需要注意以下几点。

1.关节活动度的筛查。注意观察关节活动度是否达到要求，以及左右两侧关节活动度是否存在明显不对称情况。

经过筛查，如果发现关节活动度不足或有明显的不对称，这些情况都增加了运动的风险，因此需要先进行提升关节活动度的练习，并使两侧关节活动度保持平衡。

2.基础功能动作的筛查。注意观察受试者能否按要求完成动作。

经过筛查，如果受试者不能按照基本要求完成动作，说明他的动作模式不正确，需要先纠正动作模式，再进行后续的功能锻炼。

筛查1——踝关节灵活性

■ 筛查目的

观察踝关节的灵活性，同时观察左右两侧是否存在不对称的情况。

■ 筛查重点

观察膝关节前端与同侧脚尖的距离。

■ 筛查步骤

身体呈左腿在前、右腿在后的分腿跪姿，左手可扶住一长杆来保持平衡。左膝与左脚尖保持朝向正前方。保持左腿大腿平行于地面，向前顶膝，使膝盖尽可能超过脚尖。完成后，换另一侧进行筛查。

■ 注意事项

1. 保持上身挺直。
2. 保持左脚跟贴地。
3. 左膝方向与左脚尖方向一致，均朝前。

向前顶膝

超过脚尖一拳

■ 其他情况

灵活性很差，有损伤风险

灵活性较差，有一定损伤风险

筛查2——俯卧屈膝上抬

筛查目的

评估膝关节屈曲时股直肌的柔韧性，同时观察左右两侧是否存在不对称的情况。

筛查重点

观察小腿向大腿贴近的幅度（与大腿的夹角）。

筛查步骤

1. 俯卧在垫子上，确保从头到脚完全接触垫子，双臂自然摆放在身体两侧，双手掌心朝上，双腿并拢。

2. 保持膝关节以上部位紧贴地面，左腿小腿向上抬起并向大腿方向移动至最大限度。完成后，恢复至起始姿势，换另一侧进行筛查。

注意事项

1. 抬起的小腿不要左右摇晃或旋转。

2. 抬起的小腿避免过度用力（这样做会产生代偿且会影响筛查结果）。

≥30度且≤60度：合格

其他情况

>60度：不合格，有损伤风险

<30度：优秀

筛查3——主动直腿上抬

筛查目的

观察髋关节主动屈曲时髋部肌肉的柔韧性，同时观察左右两侧是否存在不对称的现象。

筛查重点

观察抬起的腿与地面的夹角。

筛查步骤

仰卧在垫子上，确保从头到脚完全接触垫子。保持双腿伸直，双脚勾脚尖，主动抬起一侧腿至最大限度，完成后，恢复至起始姿势，换另一侧进行测试。

注意事项

1. 测试腿要向上抬起，不要左右摇晃。

2. 身体其他部位保持不动，保持下方的脚尖朝上。

3. 为确保得出真实的数据，测试前不要进行动作练习。

腰背紧贴地面

≥70度且<90度：合格

其他情况

<70度：不合格，有损伤风险

≥90度：优秀

筛查4——俯卧双腿屈膝内旋

■ 筛查目的

观察髋关节的灵活性，同时观察左右两侧是否存在不对称的情况。

■ 筛查重点

观察小腿向外打开的幅度。

■ 筛查步骤

俯卧在垫子上，小腿抬起两脚并拢，双膝屈曲90度，双臂自然摆放在身体两侧。保持双膝屈曲90度，两侧小腿同时向外打开。

■ 注意事项

1. 髋部保持稳定，且始终贴地。

2. 双腿大腿始终保持并拢。

3. 双侧小腿自然打开即可，避免过度用力。

身体不要歪斜

小腿外开

≥30度且双侧相差不超过5度：合格

■ 其他情况

<30度：不合格，有损伤风险

双侧相差超过5度：不合格，有损伤风险

筛查5——单腿站立

筛查目的

观察单腿站立时，下肢的平衡性和稳定性。

筛查重点

身体是否剧烈晃动，控制时间是否过短。

筛查步骤

右腿单腿站立，左腿屈膝抬起，上身与左大腿、左大腿与左小腿之间的夹角均为90度。双臂向两侧打开，呈水平状态。眼睛看向前方。保持该姿势一段时间。换另一侧腿进行测试，动作要求相同。

注意事项

1. 背部挺直。
2. 身体其他部位保持不动。
3. 可闭上双眼来增加测试难度。

双臂展开

抬起的大腿与地面平行

动作标准，站立时间大于或等于30秒

其他情况

动作标准的同时，单腿站立时间大于等于30秒，身体稳定。

动作标准，但身体轻微摇晃，身体保持平衡的时间大于等于15秒但小于30秒。

动作不标准，抬起的大腿无法和地面平行，身体明显摇晃，重心不稳，站立时间小于15秒。

筛查6——髋关节铰链

筛查目的

根据动作的完成情况，观察髋关节是否存在功能障碍和薄弱环节。

筛查重点

以动作是否标准为筛查重点。

筛查步骤

1 身体直立，双脚距离与肩宽相同，两手分别在头部后方和下腰背处握紧长杆，使长杆上端靠近"后脑勺"，下端靠近臀部中央。

2 保持上身动作不变，膝关节微屈，髋部向后顶，髋关节屈曲到60度左右。

60度

30度

筛查标准

1. 膝盖与脚尖保持同一方向，没有膝内扣现象。

2. 骨盆和小腿都没有明显倾斜。

3. 始终保持背部挺直。

其他情况

不合格：膝内扣。

不合格：小腿明显向前倾斜。

不合格：弓背、塌腰。

不合格：长杆没有贴靠在对应位置。

筛查7——深蹲

筛查目的

根据完成深蹲动作的情况，观察身体是否存在功能障碍，或找出运动时身体的薄弱环节。

筛查重点

以动作是否标准、下蹲幅度是否到位为筛查重点。

筛查步骤

站姿，双脚距离与肩同宽，双手伸直在头顶上方横握长杆。保持上身姿势不变，屈髋、屈膝，尽可能地向下蹲。

筛查标准

1. 臀部位置要低于膝部。
2. 膝盖与脚尖保持同一方向。
3. 躯干挺直，没有出现圆肩、弓背现象。
4. 躯干不能过度前倾或后仰，要与小腿大致平行。

两手间距大于肩宽

其他情况

不合格：圆肩

不合格：不对称

不合格：内扣

筛查8——单腿上台阶

筛查目的

根据完成单腿上台阶动作的情况，观察身体是否存在功能障碍，或找出运动时身体的薄弱环节。

筛查重点

以动作是否标准为筛查重点。

筛查步骤

1 在台阶（可用跳箱或其他合适的工具代替）后方站好，右腿踏上台阶，脚尖朝向正前方。

2 右腿发力踏上台阶，左腿也随之踏上台阶。在台阶上呈并腿站立姿势。换另一侧腿进行测试，动作要求相同。

筛查标准

1. 上台阶时，膝盖与脚尖保持同一方向，没有膝内扣现象。

2. 身体没有明显倾斜现象。

3. 背部挺直，没有圆肩现象。

身体不要前倾

台阶上的腿是发力腿

并腿站立

第9章

膝关节功能改善锻炼

9.1 筛查1不合格的改善锻炼：改善踝关节灵活性

1

站姿呼吸

页码	第127页

每组8~10次，1~2组，间歇30秒

2

网球松解足底筋膜

页码	第138页

每组30~60秒，1~2组，间歇30秒

3

网球松解小腿三头肌

页码	第139页

每组30~60秒，1~2组，间歇30秒

④ 小腿三头肌牵拉

页码	第149页

每组20~30秒，1~2组，间歇30秒

⑤ 单腿站立

页码	第168页

每组20~30秒，1~2组，间歇30秒

⑥ 坐姿弹力带绷脚

页码	第184页

每组8~10次，1~2组，间歇30秒

⑦ 弹力带深蹲

页码	第182页

每组6~8次，1~2组，间歇30秒

9.2 筛查2不合格的改善锻炼：改善膝关节屈曲灵活性

❶

仰卧式呼吸

| 页码 | 第126页 |

每组8~10次，1~2组，间歇30秒

❷

泡沫轴松解大腿前侧肌肉

| 页码 | 第131页 |

每组30~60秒，1~2组，间歇30秒

❸

泡沫轴松解大腿外侧肌肉

| 页码 | 第132页 |

每组30~60秒，1~2组，间歇30秒

股直肌拉伸

| 页码 | 第143页 |

每组20~30秒，1~2组，间歇30秒

大腿外侧肌肉牵拉

| 页码 | 第148页 |

每组20~30秒，1~2组，间歇30秒

弹力带深蹲

| 页码 | 第182页 |

每组6~8次，1~2组，间歇30秒

9.3 筛查3不合格的改善锻炼：改善髋关节屈曲灵活性

1

仰卧式呼吸

| 页码 | 第126页 |

每组8~10次，1~2组，间歇30秒

2

泡沫轴松解大腿后侧肌肉

| 页码 | 第132页 |

每组30~60秒，1~2组，间歇30秒

3

网球松解髋外旋肌

| 页码 | 第138页 |

每组30~60秒，1~2组，间歇30秒

4

坐姿股后肌群拉伸

页码　第145页

每组20~30秒，1~2组，间歇30秒

5

仰卧拉伸臀肌

页码　第143页

每组20~30秒，1~2组，间歇30秒

6

每组6~8次，1~2组，间歇30秒

仰卧动态臀桥

页码　第173页

7

硬拉动作模式练习

页码　第174页

每组6~8次，1~2组，间歇30秒

9.4 筛查4不合格的改善锻炼：改善髋关节内旋灵活性

仰卧式呼吸

| 页码 | 第126页 |

每组8~10次，1~2组，间歇30秒

网球松解髋外旋肌

| 页码 | 第138页 |

每组30~60秒，1~2组，间歇30秒

每组20~30秒，1~2组，间歇30秒

半坐姿臀肌拉伸

| 页码 | 第145页 |

仰卧拉伸臀肌

| 页码 | 第143页 |

每组20~30秒，1~2组，间歇30秒

弓箭步

| 页码 | 第183页 |

每组8~10次，1~2组，间歇30秒

9.5 筛查5不合格的改善锻炼：改善单腿站立动作

1

仰卧式呼吸

| 页码 | 第126页 |

每组8~10次，1~2组，间歇30秒

2

泡沫轴松解大腿后侧肌肉

| 页码 | 第132页 |

每组30~60秒，1~2组，间歇30秒

3

网球松解髋外旋肌

| 页码 | 第138页 |

每组30~60秒，1~2组，间歇30秒

4

仰卧拉伸大腿后群肌肉

| 页码 | 第149页 |

每组20~30秒，1~2组，间歇30秒

5

股直肌拉伸

| 页码 | 第143页 |

每组20~30秒，1~2组，间歇30秒

⑥ 仰卧拉伸臀肌

页码	第143页

每组8~10次，1~2组，间歇30秒

⑦ 仰卧动态臀桥

页码	第173页

注：可逐步进阶至仰卧动态单腿臀桥

每组8~10次，1~2组，间歇30秒

⑧ 单腿站立

页码	第95页

注：能够完成60秒后，可尝试闭眼练习

每组30~60秒，1~2组，间歇30秒

⑨ 单腿硬拉

页码	第176页

每组6~8次，1~2组，间歇30秒

⑩ 负重弓步

页码	第183页

每组6~8次，1~2组，间歇30秒

9.6 筛查6不合格的改善锻炼：改善髋关节铰链动作

1

仰卧式呼吸

每组8~10次，1~2组，间歇30秒

| 页码 | 第126页 |

2

每组30~60秒，1~2组，间歇30秒

网球松解大腿后侧肌肉

| 页码 | 第136页 |

4 仰卧拉伸大腿后群肌肉

| 页码 | 第149页 |

每组20~30秒，1~2组，间歇30秒

3

网球松解髋外旋肌

| 页码 | 第138页 |

每组30~60秒，1~2组，间歇30秒

5 仰卧拉伸臀肌

| 页码 | 第143页 |

每组20~30秒，1~2组，间歇30秒

6 仰卧动态臀桥

| 页码 | 第173页 |

每组6~8次，1~2组，间歇30秒

7 硬拉动作模式练习

| 页码 | 第174页 |

每组6~8次，1~2组，间歇30秒

8 单腿硬拉

| 页码 | 第176页 |

每组6~8次，1~2组，间歇30秒

9.7 筛查7不合格的改善锻炼：改善深蹲动作模式

1　每组8~10次，1~2组，间歇30秒

仰卧式呼吸

| 页码 | 第126页 |

2　每组30~60秒，1~2组，间歇30秒

网球松解大腿后侧肌肉

| 页码 | 第136页 |

3　每组30~60秒，1~2组，间歇30秒

网球松解髋外旋肌

| 页码 | 第138页 |

4　每组20~30秒，1~2组，间歇30秒

仰卧拉伸大腿后群肌肉

| 页码 | 第149页 |

⑤ 每组20~30秒，1~2组，间歇30秒

股直肌拉伸

页码	第143页

⑥ 每组20~30秒，1~2组，间歇30秒

仰卧拉伸臀肌

页码	第143页

⑦ 每组6~8次，1~2组，间歇30秒

仰卧动态臀桥

页码	第173页

⑧ 每组6~8次，1~2组，间歇30秒

硬拉动作模式练习

页码	第174页

⑨ 每组6~8次，1~2组，间歇30秒

相扑深蹲

页码	第181页

⑩

弹力带深蹲

页码	第182页

每组6~8次，1~2组，间歇30秒

9.8 筛查8不合格的改善锻炼：改善单腿上台阶动作模式

1 每组8~10次，1~2组，间歇30秒

仰卧式呼吸

| 页码 | 第126页 |

2 每组30~60秒，1~2组，间歇30秒

网球松解大腿后侧肌肉

| 页码 | 第136页 |

4

仰卧拉伸大腿后群肌肉

| 页码 | 第149页 |

每组20~30秒，1~2组，间歇30秒

3

网球松解髋外旋肌

| 页码 | 第138页 |

每组30~60秒，1~2组，间歇30秒

5

股直肌拉伸

| 页码 | 第143页 |

每组20~30秒，1~2组，间歇30秒

 6

仰卧拉伸臀肌

| 页码 | 第143页 |

每组20~30秒，1~2组，间歇30秒

 7

仰卧动态臀桥

| 页码 | 第173页 |

每组6~8次，1~2组，间歇30秒

8

硬拉动作模式练习

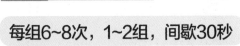

| 页码 | 第174页 |

每组6~8次，1~2组，间歇30秒

 9

单腿硬拉

| 页码 | 第176页 |

每组6~8次，1~2组，间歇30秒

 10

相扑深蹲

| 页码 | 第181页 |

每组6~8次，1~2组，间歇30秒

 11

弹力带深蹲

| 页码 | 第182页 |

每组6~8次，1~2组，间歇30秒

 12

负重弓步

| 页码 | 第183页 |

每组6~8次，1~2组，间歇30秒

第10章

预防和缓解膝关节疼痛的锻炼

10.1 预防和缓解膝关节外侧痛

1

网球松解大腿前群外侧肌肉

页码　第137页

每组30~60秒，1~2组，间歇30秒

2

每组30~60秒，1~2组，间歇30秒

网球松解阔筋膜张肌和髂胫束

页码　第135页

3

每组30~60秒，1~2组，间歇30秒

泡沫轴松解大腿外侧肌肉

页码　第132页

仰卧拉伸大腿外侧肌肉

| 页码 | 第152页 |

每组30~60秒，1~2组，间歇30秒

每组6~8次，1~2组，间歇30秒

蚌式练习

| 页码 | 第169页 |

网球松解大腿前群内侧肌肉

| 页码 | 第136页 |

每组30~60秒，1~2组，间歇30秒

10.2 预防和缓解膝关节内侧痛

1

每组30~60秒，1~2组，间歇30秒

网球松解大腿前群
内侧肌肉

页码	第136页

2

每组30~60秒，1~2组，间歇30秒

网球松解大腿内侧
肌肉

页码	第135页

坐姿拉伸大腿内侧
肌肉

每组20~30秒，1~2组，间歇30秒

页码	第147页

每组20~30秒，1~2组，间歇30秒

4

跪姿拉伸大腿前群内侧肌肉

| 页码 | 第144页 |

每组6~8次，1~2组，间歇30秒

5

坐姿伸膝

| 页码 | 第184页 |

10.3 预防和缓解膝盖前侧痛

1 每组30~60秒，1~2组，间歇30秒

网球松解大腿前侧
肌肉

| 页码 | 第137页 |

2

股直肌拉伸

| 页码 | 第143页 |

3

站姿抗阻挺髋

| 页码 | 第180页 |

每组6~8次，1~2组，间歇30秒

每组20~30秒，1~2组，间歇30秒

站姿伸髋

页码	第175页

每组6~8次，1~2组，间歇30秒

坐姿伸膝

页码	第184页

每组6~8次，1~2组，间歇30秒

扶椅单腿燕式平衡

页码	第168页

每组6~8次，1~2组，间歇30秒

第11章

老年人呼吸锻炼方法

11.1 鳄鱼式呼吸

俯卧姿，双手叠放在额下，身体放松。用鼻子缓慢吸气，胸廓尽量保持不动，腹腔向两侧和背侧扩张顶起。用嘴巴缓慢呼出气体，同时收缩腹部，尽量让气"吐"干净。

11.2 仰卧式呼吸

鼻子吸气

腹部鼓起，胸廓保持不动

1 仰卧姿，双手放在腹部两侧。用鼻子缓慢吸气，用时约4秒，接着屏气2秒。

嘴巴呼气

呼气时收缩腹部

2 用嘴巴缓慢呼出气体，同时收缩腹部，尽量让气"吐"干净。整个呼气过程持续6秒。

11.3 90-90呼吸

鼻子吸气

腹部鼓起

髋关节、膝关节均呈90度

1 仰卧姿，小腿放在椅子上，双手放在腹部两侧。用鼻子缓慢吸气，用时约4秒，接着屏气2秒。

嘴巴呼气

呼气时收缩腹部

2 用嘴巴缓慢呼出气体，同时收缩腹部，尽量让气"吐"干净。整个呼气过程持续6秒。

11.4 站姿呼吸

用鼻子缓慢吸气，用时约4秒，感受双手被腹部向上和向两侧顶起，接着屏气2秒。用嘴巴缓慢呼出气体，同时收缩腹部，尽量让气"吐"干净。整个呼气过程持续6秒。

鼻子吸气

腹部鼓起

第12章

老年人软组织松解及拉伸方法

12.1 泡沫轴松解胸椎周围软组织

均匀呼吸

1 仰卧姿，双脚稍微打开，膝关节屈曲。将泡沫轴放在上背部下方，双手在头部后方交叉抱头。

双脚推动身体

2 臀部离地，双脚推地带动身体上下移动，使背部肌肉得到滚压。

12.2 泡沫轴松解背阔肌

1 右侧卧，将泡沫轴放在右侧腋下。右手向上伸展，左手支撑于身前，右腿伸直，左腿在身前屈膝撑地。

均匀呼吸

2 左脚推地，带动身体向前转动，使泡沫轴慢慢来回滚动。

3 身体向后转动，注意头也要随着转动。另一侧动作要点相同。

12.3 泡沫轴松解大腿前侧肌肉

均匀呼吸

不要塌腰

1 俯卧姿，双肘撑地，将泡沫轴置于左腿大腿下方，右脚叠放于左脚之上。

2 双臂推地，带动身体前后移动，使泡沫轴在左腿大腿下方慢慢来回滚动。另一侧动作要点相同。

12.4 泡沫轴松解大腿内侧肌肉

均匀呼吸

来回滚动

1 俯卧姿，双手相叠放在额头下，左腿屈膝，左腿大腿内侧压在泡沫轴上。

2 双臂和右脚推地，带动身体左右移动，使泡沫轴在左腿大腿内侧慢慢来回滚动。另一侧动作要点相同。

12.5 泡沫轴松解大腿外侧肌肉

均匀呼吸

1 右侧卧，用右前臂和左手支撑地面，双腿伸直，将泡沫轴置于右腿大腿下方。

2 左手推地，带动身体前后移动，使泡沫轴在右腿大腿下方慢慢来回滚动。另一侧动作要点相同。

12.6 泡沫轴松解大腿后侧肌肉

均匀呼吸

1 将泡沫轴置于垫上，双臂向后伸展支撑身体，一侧腿部伸展，大腿后侧压于泡沫轴上，另一侧腿部屈曲，放在伸直的腿上面。

2 使用双手的力量将身体撑起，并使身体前后移动，使泡沫轴在大腿后侧滚动。另一侧动作要点相同。

不要耸肩

12.7 网球松解胸肌

1 俯卧姿，双臂屈肘90度，将网球放在一侧锁骨下方。

2 双脚与双臂推地，带动身体左右移动，使网球慢慢来回滚动。另一侧动作要点相同。

12.8 网球松解上斜方肌

均匀呼吸，不憋气

1 仰卧姿，双腿略微打开，屈膝，双臂放在身体两侧。在左侧上背部、颈部和肩部中间的位置压住一个网球。

臀部上抬

2 双臂、双腿撑地，臀部上抬，使更多体重压在网球上，并利用身体抬起的高度调整按压的强度。另一侧动作要点相同。

12.9 网球松解臀肌

均匀呼吸

1 坐姿，双手撑于身后，将网球放在左臀下方，左腿屈膝，右脚踝压在左腿膝部。

2 双手和左腿带动身体前后移动。另一侧动作要点相同。

12.10 网球松解髂腰肌

1 俯卧于瑜伽垫上，将网球放置在左大腿根部髂窝处，双手叠放，垫在头部下方，找到身体明显的酸痛点。

2 身体有控制地将左腿略微抬起，身体略微移动，使网球慢慢来回滚动。另一侧动作要点相同。

均匀呼吸

滚压过程中保持腹部收紧，身体稳定

12.11 网球松解大腿内侧肌肉

均匀呼吸

1 俯卧姿，双臂在胸前屈肘撑地，左腿向身后打开，右腿屈膝，右腿大腿内侧压在网球上。

2 双臂和左腿支撑身体左右滚动。另一侧动作要点相同。

12.12 网球松解阔筋膜张肌和髂胫束

阔筋膜张肌位于大腿上部外侧

均匀呼吸

左侧卧，左腿伸展，左大腿上部外侧压在网球上，左臂肘部撑地，右手叉腰，右腿屈膝脚撑地，并带动身体左右滚动。另一侧动作要点相同。

12.13 网球松解大腿后侧肌肉

均匀呼吸

1 坐姿，将网球放在右侧大腿下方，双手在身后撑地，左腿屈膝。

2 左脚搭于右脚上，双手和左腿带动身体前后移动，使网球在右侧大腿下方慢慢来回滚动。另一侧动作要点相同。

12.14 网球松解大腿前群内侧肌肉

1 坐在椅子上，右腿屈膝，左腿前伸，左脚跟触地，左手轻扶左腿外侧，右手持网球。

均匀呼吸

2 将网球沿左腿大腿前部的内侧来回滚动。另一侧动作要点相同。

12.15 网球松解大腿前群外侧肌肉

1 坐在椅子上，左腿屈膝，右腿伸直，左手轻扶左腿，右手持网球。

均匀呼吸

2 将网球沿右腿大腿前部的外侧来回滚动。另一侧动作要点相同。

12.16 网球松解大腿前侧肌肉

均匀呼吸

将网球置于大腿正面膝盖上方的位置

1 坐在椅子上，左腿屈膝，右腿伸直，脚跟触地，左手搭在左腿上，右手持网球。

2 用双手将网球沿右腿大腿前侧来回滚动。另一侧动作要点相同。

12.17 网球松解髋外旋肌

1 仰卧于瑜伽垫上，将两个网球分别放置在两侧臀部下方外侧，双腿弯曲踩在瑜伽垫上，找到臀部明显的酸痛点。

若觉得身体不稳，可以双手放在垫子上，维持平衡

均匀呼吸

2 将双腿向左侧倾斜一些，以增加按压效果，使网球在臀部外侧来回滚动。另一侧动作要点相同。

12.18 网球松解足底筋膜

1 站在椅背后方，双手扶在椅背上，右脚踩在网球上。

均匀呼吸

腰背挺直

2 右脚前后缓慢移动，使网球慢慢来回滚动。另一侧动作要点相同。

12.19 网球松解小腿三头肌

均匀呼吸

2 用右手按压网球，使网球慢慢来回滚动。另一侧动作要点相同。

1 坐在椅子上，将左小腿放在右大腿上方，将网球放在左小腿后侧。

第12章 老年人软组织松解及拉伸方法

12.20 颈部前侧、后侧、两侧拉伸

前侧　后侧　两侧

前侧：在椅子上坐直，将双手拇指放在下颌下方，慢慢向上托起头部，直到颈部前方有中等程度的拉伸感。

后侧：双手放在头后，用手掌前推头部，直到颈部后侧有中等程度的拉伸感。

两侧：右手扶椅，左手越过头部上方，扶头部右侧；左手向左拉头部，直到颈部右侧有中等程度的拉伸感。另一侧动作要点相同。

12.21 背阔肌拉伸

均匀呼吸

1 在椅子上坐直，面向前方。

2 右手扶左肘，向前俯身的同时，左臂向右前方45度伸直，左肩尽量下压。另一侧动作要点相同。

12.22 坐姿胸肌拉伸

腰背挺直

1 在椅子上坐直，面向前方，双臂屈肘，双手抱于头后。

均匀呼吸

2 双臂同时向后打开至最大幅度，使肩胛骨向内挤压。

12.23 侧向伸展

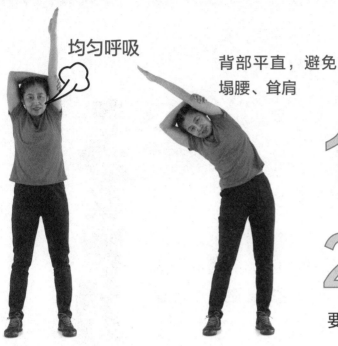

均匀呼吸

背部平直，避免塌腰、耸肩

1 呈站立姿势，面向前方，左手向上伸直，右臂屈肘右手扶左肘。

2 身体尽量向右侧弯曲，直到背阔肌有中等程度的拉伸感。另一侧动作要点相同。

12.24 站姿胸肌拉伸

均匀呼吸

挤压肩胛骨

双脚分开至与肩同宽

1 呈站立姿势，面向前方，双臂屈肘，双手抱于头后。

2 双臂同时向后打开，使肩胛骨向内挤压，直到胸肌有中等程度的拉伸感。

12.25 肱二头肌拉伸

1　呈站立姿势，双臂伸直，在身体两侧略微抬起，双手掌心朝向外侧。

双臂略微抬起

均匀呼吸

2　双臂保持伸直，缓慢向上抬起，直到肱二头肌有中等程度的拉伸感。

12.26 肱三头肌拉伸

均匀呼吸

1　呈站立姿势，右臂屈肘置于头侧。

2　左手扶住右上臂并向后推，推至肱三头肌有中等程度的拉伸感。另一侧动作要点相同。

12.27 仰卧拉伸臀肌

均匀呼吸

腰背、手臂、掌心贴地

1 仰卧姿，双腿屈膝，双手平放于体侧。

2 以跷"二郎腿"的姿势将右小腿搭在左大腿上。左腿上抬，随后双手抱住左腿。另一侧动作要点相同。

12.28 股直肌拉伸

上身挺直

均匀呼吸

1 身体右侧朝向椅背，侧坐在椅子边缘，左侧臀部几乎悬空，双腿屈膝，目视前方。

2 左腿向后抬起，左手扶左脚，向臀部方向拉伸。另一侧动作要点相同。

12.29 站姿拉伸大腿前侧

均匀呼吸

1 面对墙壁双脚并拢站立，右手扶墙。

2 左腿向臀部抬起，左手扶左脚，将小腿拉向臀部方向。另一侧动作要点相同。

12.30 跪姿拉伸大腿前群内侧肌肉

腹部收紧

均匀呼吸

1 半跪姿，左腿向左侧打开伸直，脚尖斜向前。右腿屈膝撑地。

2 上身左转，双手沿左腿缓缓伸向脚踝，直至大腿前部内侧有中等程度的拉伸感。另一侧动作要点相同。

12.31 坐姿股后肌群拉伸

均匀呼吸

上身前倾

1 坐在椅子上，挺胸抬头，双手自然搭在双膝上。

2 右腿向前伸直打开，脚尖上抬。上身慢慢前倾，双手沿右腿下滑至脚踝位置。另一侧动作要点相同。

12.32 半坐姿臀肌拉伸

均匀呼吸

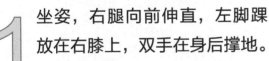

1 坐姿，右腿向前伸直，左脚踝放在右膝上，双手在身后撑地。

2 上身前倾，直至臀肌有中等程度的拉伸感。另一侧动作要点相同。

12.33 站姿拉伸臀肌

1 双脚并拢站立，双臂自然垂于体侧。

均匀呼吸

膝盖尽量靠近胸部

2 双手抱住一侧膝盖下方并将腿拉向胸部，直至臀肌有中等程度的拉伸感。另一侧动作要点相同。

12.34 单腿跪姿拉伸髂腰肌

均匀呼吸

1 呈弓箭步跪在瑜伽垫上，与前侧腿同侧的手叉腰，对侧手向上伸展，上身挺直。可在膝关节下方放一个垫子，避免膝关节压力过大。

保持腰背挺直，避免过度用力

2 身体整体向前移动，拉伸髂腰肌，另一侧动作要点相同。

12.35 站姿拉伸髂腰肌

均匀呼吸

1 弓步姿，双手叉腰，腰背挺直。

2 后侧腿的膝盖尽量靠近地面，同时上身向后倾斜，拉伸髂腰肌。另一侧动作要点相同。

12.36 坐姿拉伸大腿内侧肌肉

均匀呼吸

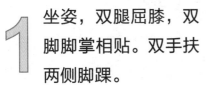

1 坐姿，双腿屈膝，双脚脚掌相贴。双手扶两侧脚踝。

2 保持上身平直，然后前倾下压，肘部发力向地面方向推动双腿，拉伸大腿内侧肌肉。

12.37 大腿外侧肌肉牵拉

1 站立在椅背一侧，左手扶椅背，右手叉腰。

均匀呼吸

2 左腿向右后方伸展，脚背朝向地面，右腿向下屈膝，同时上身和头部稍稍向右后方偏转，拉伸大腿外侧肌肉。另一侧动作要点相同。

12.38 坐姿拉伸大腿后群肌肉

1 坐姿，背部平直，双腿伸直向外张开。

背部保持平直

均匀呼吸

2 保持腰背挺直，身体逐渐前倾，直至大腿后侧肌肉有中等强度的拉伸感。

12.39 小腿三头肌牵拉

均匀呼吸

腰背挺直，避免过度用力

1 双手和双脚撑在瑜伽垫上，身体大约呈V字形，双腿略微弯曲。

2 将右脚踝放在左小腿后方，然后逐渐伸直左腿。右腿可以稍微下压，增加拉伸幅度。另一侧动作要点相同。

12.40 仰卧拉伸大腿后群肌肉

1 仰卧在瑜伽垫上，身体挺直，双腿伸直，右脚底固定一根拉伸绳，双手握住。

均匀呼吸

2 左腿膝关节伸直，双手向头部方向拉绳，右腿抬起，直至大腿后侧有中等程度的拉伸感。另一侧动作要点相同。

149

12.41 躯干侧面拉伸

1 呈站立姿势，双脚分开至与肩同宽，双手分别紧握毛巾一端，双臂向头上方伸展，使双臂与躯干呈Y字形。

2 保持双臂姿势不变，躯干向左侧屈曲，左手用力向左侧拉动毛巾至最大幅度。另一侧动作要点相同。

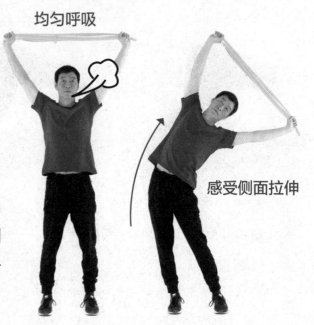

均匀呼吸

感受侧面拉伸

12.42 体后拉毛巾直臂上抬

手臂伸直

均匀呼吸

1 呈站立姿势，双脚分开至与肩同宽，双手分别紧握毛巾一端，置于身后。

2 保持双臂伸直，双手从身体后方向上抬至最大幅度。

12.43 体前拉毛巾直臂上抬

均匀呼吸

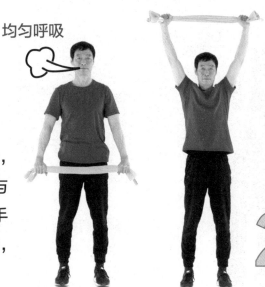

1 呈站立姿势，双脚分开至与肩同宽，双手分别紧握毛巾一端，置于身体前侧。

2 保持双臂伸直，双手从身体前方上举至头顶。

12.44 肩部下拉

均匀呼吸

拉紧毛巾

左手下拉

1 呈站立姿势，双脚分开至与肩同宽。双手分别紧握毛巾一端，右手位于颈后，左手位于下背部，拉紧毛巾。

2 保持身体姿势不变，左手向下拉毛巾，帮助右臂下拉至最大幅度。另一侧动作要点相同。

12.45　肩部上提

均匀呼吸

右手上提

1 呈站立姿势，双脚分开至与肩同宽。双手分别紧握毛巾一端，右手位于颈后，左手位于下背部，拉紧毛巾。

2 保持身体姿势不变，右手向上拉毛巾，帮助左臂上提至最大幅度。另一侧动作要点相同。

12.46　仰卧拉伸大腿外侧肌肉

均匀呼吸

1 仰卧姿，右腿伸直，左腿伸直抬起，脚掌朝上。将毛巾绕过左脚脚掌，保持双手拉紧毛巾两端。

2 用毛巾带动左腿向右旋转约45度。另一侧动作要点相同。

第13章

老年人灵活性锻炼方法

13.1 翻书练习

"翻书"前吸气

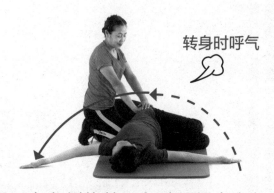

转身时呼气

1 右侧卧，双腿屈髋屈膝90度。搭档用双手一直扶住锻炼者的髋部。

2 躯干向左侧旋转，左臂缓慢向左打开。打开至最大幅度时，保持动作1~2秒，然后回到初始姿势。另一侧动作要点相同。

13.2 泡沫轴胸椎伸展

起始动作吸气

转体时呼气

1 左侧卧，双手在胸前伸直合掌，左臂紧贴地面，左腿伸直，右腿屈膝90度，右腿小腿放在泡沫轴上。

2 保持左臂紧贴地面，右臂向右、向上抬起，上身跟随右转，直至右肩向地面靠近至最大限度，保持动作1~2秒，然后回到初始姿势。另一侧动作要点相同。

13.3 猫式伸展

1 俯撑跪姿，双臂伸直且位于肩关节正下方。

背部拱起时吸气

2 四肢姿势保持不变，在吸气的同时将背部向上拱起至最大限度，保持2秒。然后在呼气的同时将背部下压至最大限度，保持2秒。

13.4 跪撑胸椎旋转

均匀呼吸

1 俯撑跪姿，右臂屈肘上抬至与地面平行，右手扶于头后。

吸气

2 保持左臂及左肩固定，在吸气的同时躯干向左旋转，右肩下压至最大幅度，保持动作1~2秒。

3 在呼气的同时躯干向右旋转，右肩上抬至最大幅度，保持动作1~2秒。另一侧动作要点相同。

呼气

13.5　腰椎锁定胸椎旋转

1 俯撑跪姿，双臂屈肘且前臂撑地，掌心向上。

不要撅屁股

2 右手扶于头后，保持左臂及左肩固定，在呼气的同时躯干向右旋转，右肩上抬至最大限度。

均匀呼吸

3 在吸气的同时躯干向左旋转，右肩下压至最大限度。另一侧动作要点相同。

13.6　站姿胸椎旋转

1 站姿，双脚分开，与肩同宽，双手在身体前方伸直并合掌。

2 保持右臂伸直、右肩位置固定，躯干向左旋转，左臂缓慢地向左打开至最大限度。另一侧动作要点相同。

吸气　　呼气

躯干旋转

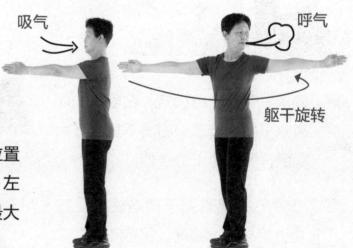

13.7 躯干旋转

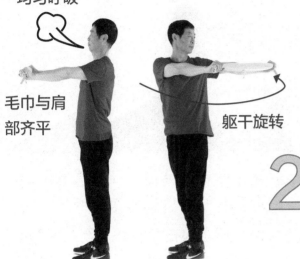

均匀呼吸

毛巾与肩部齐平

躯干旋转

1 呈站立姿势，双脚分开至与肩同宽，双手分别紧握毛巾一端，双臂从身前抬起至与肩部齐平。

2 保持双臂姿势不变，躯干向左侧旋转，左手用力向左侧拉动毛巾至最大幅度。另一侧动作要点相同。

13.8 抗阻胸椎旋转

起始动作吸气

1 弓步姿势，右腿屈膝在前，左腿屈膝在后且膝关节触地，左脚脚尖撑地，双手各握弹力带一端，双臂向前水平伸直。

手臂打开时呼气

2 保持右臂伸直、右肩位置固定，在呼气的同时躯干向左旋转，左臂缓慢地向左打开至最大限度，另一侧动作要点相同。

13.9 麻花拉伸

起始动作吸气

转身时呼气

1 坐姿，左腿弯曲90度，左腿内侧贴在瑜伽垫上，右腿弯曲90度。腰背挺直，右臂于体侧伸直支撑，左臂于体前伸直。

2 保持右臂伸直，在呼气的同时躯干向右旋转至最大限度，左手随之向右后方移动至右手旁。另一侧动作要点相同。

13.10 仰卧髋关节转动

均匀呼吸

1 仰卧在瑜伽垫上，双手伸直放在身体两侧，双腿弯曲，双脚脚跟着地，间距略大于肩宽。

2 双腿向左侧转动至最大幅度。尽量保持双肩贴于地面。

3 回到初始姿势，左腿及躯干向右侧转动至最大幅度。左右交替重复动作。

均匀呼吸

1 坐在椅子上，右腿伸直，双手放在双膝上方。

坐在椅子的一半处有利于腰背挺直，大腿和小腿夹角为90度

2 右脚从左向上、向右、向下转动一圈后，恢复为初始姿势。另一侧动作要点相同。

第14章

老年人稳定性锻炼方法

14.1 仰卧双手拉毛巾划臂练习

均匀呼吸

向外侧拉紧毛巾

1 仰卧姿，双腿并拢，腹部收紧，双手放在身体两侧，各握毛巾的一端。

2 双手向外拉紧毛巾，保持双臂伸直，向头顶上方伸展，伸展至尽量接近地面，在最大幅度位置保持动作1~2秒。

14.2 俯卧W字

均匀呼吸

手臂向内挤压肩胛骨

1 俯卧姿，双臂屈肘，置于身体两侧，双手四指握拳、拇指朝上。

2 肩胛骨向内收紧，双臂上抬并后拉至与颈部及头部呈W字形，保持动作1~2秒。

14.3 靠墙天使

均匀呼吸

1 呈站立姿势，双脚分开，靠墙壁站立，头部、肩部、臀部、脚跟紧贴墙壁。

2 双臂贴墙向上滑动，在最高点保持动作1~2秒，充分伸展后缓缓放下手臂。

14.4 站姿W字

均匀呼吸

双臂向内挤压肩胛骨

1 呈站立姿势，双脚距离与肩同宽。双膝微屈，上身前倾30度，双臂在头部两侧向侧上方伸直。

2 双臂屈肘，下拉至与颈部及头部呈W字形，肩胛骨向内收紧，保持动作1~2秒。

163

14.5 手持饮料瓶单臂垂直外旋

均匀呼吸

1 呈站立姿势，面向前方。双臂侧平举，至与肩部在一条水平线上。双手握住饮料瓶，两侧肘关节屈曲90度，注意使前臂与地面保持平行。

2 右侧前臂向上旋转至与地面基本垂直，保持动作1~2秒，再回到起始位置；换左侧前臂进行相同的动作，两侧交替。

14.6 弹力带肩关节外旋

1 呈站立姿势，双脚分开至与肩同宽。左手屈肘90度握弹力带的一端，固定另一端，保持弹力带处于拉伸状态但不要绷得太紧。

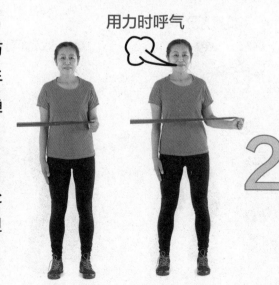

用力时呼气

2 左臂向外旋转至最大幅度，保持动作1~2秒。然后有控制地回到初始姿势。另一侧动作要点相同。

14.7 坐姿弹力带直臂水平拉左右转头

吸气

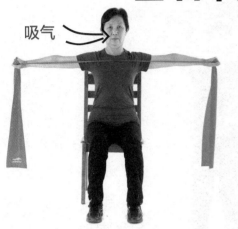

1 在椅子上坐直，双手拉住弹力带两端，腹部收紧。

呼气

2 双手向两侧水平拉开弹力带，直至最大幅度。头部向左转到最大幅度，保持动作1~2秒，回正，再向右转到最大幅度。

14.8 拉弹力带左右转头

均匀呼吸

1 呈站立姿势，面向前方，双手各握弹力带一端，向两侧水平拉弹力带，直至最大幅度。

2 头部慢慢左转90度，保持动作1~2秒，回正，再慢慢右转90度。

14.9 弹力带Y字激活

1 呈站立姿势，双脚分开至与肩同宽，双臂向前伸直平举，双手分别握住弹力带的一端，使弹力带具有一定张力。

用力时呼气

2 保持手臂伸直，双臂上举至头部两侧且与躯干呈Y字形，保持动作1~2秒。

14.10 弹力带W字下拉

均匀呼吸

1 呈站立姿势，双脚分开至与肩同宽，双臂伸直上举至头部两侧且与躯干呈Y字形，双手拳心向前并分别握住弹力带的一端，使弹力带具有一定张力。

2 肩胛骨收紧，在头后双臂屈肘下拉弹力带，使双臂与颈部及头部呈W字形，保持动作1~2秒。

14.11 侧肘撑

均匀呼吸

右侧卧，右肘撑地，双腿并拢。腹部收紧，臀部上抬，直至肩、躯干、髋和膝在一条直线上。另一侧动作要点相同。

14.12 四点支撑对侧伸展

1 俯撑跪姿，双手、双膝撑地。

2 左膝向前抬起，同时右臂屈肘，向后肘部触碰左膝。

均匀呼吸

3 左腿向后伸直，右手向前伸直，右手、左腿尽量与地面平行。保持动作1~2秒。另一侧动作要点相同。

14.13 单腿站立

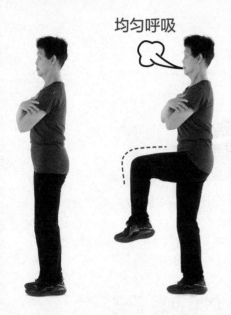

均匀呼吸

1 站立姿势，双腿并拢，双臂在胸前交叉环抱。

2 右腿支撑身体，左腿屈膝抬起，使大腿保持水平。坚持一会儿后，左腿缓慢放下。另一侧动作要点相同。

14.14 扶椅单腿燕式平衡

1 左手扶椅背，右手自然下垂。

2 右腿向后伸展打开，同时上身前倾，直至右腿与地面平行。另一侧动作要点相同。

均匀呼吸

14.15 蚌式练习

抬腿时呼气，下落时吸气

1 侧躺在瑜伽垫上，腰背挺直，上身放松。右臂肘部撑地，左手叉腰，双腿屈膝约90度。有条件的可以将迷你带固定在膝盖上方，增加动作难度。

2 左腿膝盖向上抬起，再缓缓落下，感受臀部肌肉有明显酸胀感。另一侧动作要点相同。

第15章

老年人动作模式锻炼方法

15.1 左上肢主导翻滚

1 仰卧姿，双臂向头顶方向伸直，双腿伸展开。

2 左手向右摆动，带动整个身体向右转，变为俯卧姿。

左手带动向左转体

左手带动向右转体

3 接着左手向相反方向摆动，带动身体向左转，变为仰卧姿。重复动作，另一侧动作要点相同。

15.2 下肢主导翻滚练习

1 仰卧姿，双臂向头顶两侧伸直，双腿伸展开。

2 左腿向右摆动，带动身体向右转，变为俯卧姿。

左腿带动向左转体

左腿带动向右转体

3 左腿向左上方摆动，带动身体向左转，变为仰卧姿。另一侧动作要点相同。

172

15.3 仰卧单侧主动直腿上抬

均匀呼吸

1 仰卧在垫子上，身体与垫子完全接触，双臂自然摆放在身体两侧，双腿并拢，脚尖朝上。

2 主动抬起右腿至最大限度，其他部位的姿势保持不变。回到初始姿势。另一侧动作要点相同。

15.4 仰卧动态臀桥

起始动作吸气

臀部抬起时呼气

1 仰卧，双臂自然放于身体两侧，屈膝，双脚分开，脚尖勾起。

2 臀部收紧抬起，直至肩、躯干、髋和膝在一条直线上。回到初始姿势，重复动作。

15.5 站姿臀部触墙

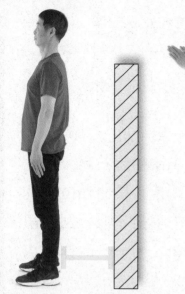

臀部发力
后顶

1 背对墙壁站立，双手自然下垂，双脚分开，与髋同宽。

2 双臂伸直上抬，举过头顶，同时臀部向后顶至接触墙壁。

距离墙壁20~30厘米

15.6 硬拉动作模式练习

均匀呼吸

腹部收紧

1 站姿，双手叉腰，看向前方。

2 屈膝屈髋，上身前俯45度，保持动作1~2秒。

15.7　下蹲练习

起始动作时吸气

下蹲时呼气

1 背对靠椅站立，双脚分开，与髋同宽，腰背挺直，双臂自然放在身体两侧。

2 屈膝，下蹲至臀部与靠椅边缘接触。在这个过程中，双臂前平举。然后臀腿发力，伸展双腿，并收回手臂，回到初始姿势。

15.8　站姿伸髋

伸髋时呼气

1 站姿，双腿并拢，看向前方，双手在身体前方握住毛巾。

2 双手上举至头顶上方，左腿向后伸直打开。另一侧动作要点相同。

15.9 单腿硬拉

1 自然站立，腹部收紧，双臂自然垂于体侧，右手握住一个水瓶。

两侧臀部保持水平，上身与抬起的腿应呈一条直线

2 右腿向后平伸，同时上身前倾，直到头部、臀部、腿部位于一条水平线上。另一侧的动作要点相同。

第16章

老年人功能力量锻炼方法

16.1 弹力带双臂弯举

1 呈站立姿势，双脚踩住弹力带中间部分，双手分别紧握弹力带一端，双臂自然下垂，保持弹力带有一定张力。

腰背挺直

用力时呼气

2 保持身体姿势不变，双臂屈肘发力，向上拉弹力带至最大幅度，保持动作1~2秒。

16.2 弹力带头后伸展

用力时呼气

1 呈站立姿势，双腿并拢，一侧脚踩住弹力带一端，双臂向上抬起并向后屈曲。双手在头后紧握住弹力带另一端，保持弹力带有一定张力。

2 保持身体姿势不变，上臂发力，伸展肘部至手臂完全伸直，保持动作1~2秒。

16.3 弹力带前推

1 呈站立姿势，双脚分开至与肩同宽，将弹力带的中段固定在背后。双臂屈肘，前臂约与地面平行，双手分别握住弹力带的一端，使弹力带具有一定张力。

用力时呼气

2 保持躯干及下肢姿势不变，双臂水平前推至完全伸直，保持动作1~2秒。

16.4 弹力带双臂推举

用力时呼气

1 呈站立姿势，双脚分开至与肩同宽，踩住弹力带中段。双手分别紧握弹力带一端，肘部弯曲，将弹力带固定在肩部，保持弹力带有一定张力。

2 保持身体姿势不变，肩部发力，向上推弹力带至手臂完全伸直，保持动作1~2秒。

16.5 站姿抗阻挺髋

屈膝半蹲时吸气

直立挺髋时呼气

1 将弹力带两端固定在身体后方，弹力带中间绕过腰部前方。双腿稍稍打开，屈膝半蹲，双手叉腰，上身前倾45度。

2 伸膝伸髋，使身体直立。

16.6 靠墙蹲

1 背靠墙壁站立，双脚距离约与髋同宽，双手各握一个哑铃。

距离墙壁约一脚距离

2 屈膝屈髋下蹲，直至膝关节呈90度。

下蹲时呼气

16.7 弹力带俯身提拉

1 双脚分开至与肩同宽，并踩住弹力带中段，躯干向前倾斜，下蹲至大腿与地面呈45度。双手分别紧握弹力带一端，保持弹力带有一定张力。

2 保持手臂伸直，拉紧弹力带，臀部与大腿后侧发力使身体直立，保持动作1~2秒。

用力时呼气

与地面夹角约为45度

16.8 相扑深蹲

双脚间距大于肩宽

下蹲时呼气

1 身体挺直站立，双脚间距大于肩宽，双手在身体前方共握一只哑铃。

2 屈膝，屈髋，上身前倾，下蹲至大腿与地面平行，随后恢复为站立姿势。

16.9 深蹲

站起时呼气

膝关节不要内
扣，保持和脚
尖方向一致

1 自然站立，双手各握一只
哑铃，双脚略分开。

下蹲时吸气

2 腹部收紧，屈膝、屈
髋下蹲。停顿几秒后
恢复为站立姿势。

16.10 弹力带深蹲

均匀呼吸

1 呈站立姿势，双脚分开至与肩同
宽，并踩住弹力带中段。双手分
别紧握弹力带一端，肘关节屈曲
收紧，保持弹力带有一定张力。

2 身体屈髋屈膝，同时躯干向前略
微倾斜，下蹲至大腿与地面接近
平行，保持动作1~2秒。然后
臀部与腿部发力，有控制地回到起始
位置。

16.11 弓箭步

均匀呼吸

腹部收紧

后腿膝关节不接触地面

1 双手抱一个字典或合适的重物于胸前，自然站立。

2 右腿向前迈出一步，降低重心，直至前侧大腿与地面接近平行，后侧腿弯曲约90度，随后恢复为初始姿势。另一侧动作要点相同。

16.12 负重弓步

1 身体呈站姿，双脚并拢，目视前方。双手各握一只哑铃，自然垂于身体两侧。

2 右脚向前迈一步，同时，屈髋屈膝至右腿大腿与地面平行，左腿膝盖几乎触地。另一侧动作要点相同。

下蹲时呼气

左膝几乎触地

16.13　坐姿伸膝

均匀呼吸

1 坐在椅子上，双腿屈膝，双手扶椅子两侧。

膝盖完全伸直

2 左腿慢慢抬起，直至小腿与地面平行，然后恢复为初始姿势。重复动作。另一侧动作要点相同。

16.14　坐姿弹力带绷脚

均匀呼吸

坐在椅子的一半处有利于腰背挺直，同时大腿和小腿夹角约为90度

1 坐在椅子上，左腿伸直，在左脚脚底固定一根弹力带，双手握住弹力带两端，使弹力带紧绷。

2 左脚向前方绷脚，对抗弹力带，然后恢复为初始姿势。另一侧动作要点相同。

作者简介

闫琪

国家体育总局体育科学研究所研究员，博士，中国老年医学学会运动健康分会常委；美国国家体能协会认证体能训练专家（CSCS）；FMS国际认证讲师；FMS、SFMA高级认证专家；国家体育总局备战奥运会体能训练专家组成员；国家体育总局教练员学院体能训练培训讲师；多名奥运会冠军运动员的体能教练；中国人民解放军南部战区飞行人员训练伤防治中心专家；曾多次到不同部队进行讲座和提供体能训练指导；获"科技奥运先进个人"荣誉称号和"全国体育事业突出贡献奖"等奖项。出版《膝关节功能强化训练》《腰部功能强化训练》等多部书籍。